春蚕到死丝方尽
蜡炬成灰泪始干

蚕丝之惠

——浒墅关的那些桑女丝情

周大庆 编著

古吴轩出版社
中国·苏州

图书在版编目（CIP）数据

蚕丝之恋：浒墅关的那些桑女丝情 / 周大庆编著
. -- 苏州：古吴轩出版社, 2019.10
ISBN 978-7-5546-1402-0

Ⅰ. ①蚕… Ⅱ. ①周… Ⅲ. ①蚕桑业—产业发展—苏州 Ⅳ. ①F326.375.33

中国版本图书馆CIP数据核字（2019）第186999号

责任编辑：俞　都
见习编辑：王　芳
责任校对：徐小良　黄菲菲
特约校对：潘家荣
责任照排：刘　浩

书　　名：蚕丝之恋——浒墅关的那些桑女丝情
编 著 者：周大庆
出版发行：古吴轩出版社
地址：苏州市十梓街458号　　邮编：215006
电话：0512-65233679　　传真：0512-65220750
出 版 人：钱经纬
印　　刷：张家港市恒丰包装有限公司
开　　本：880 × 1230　1/32
印　　张：8.375
版　　次：2019年10月第1版　第1次印刷
书　　号：ISBN 978-7-5546-1402-0
定　　价：48.00元

写在前面的话

蚕在吐丝时没想到会吐出一条丝绸之路……

本书主要记述的是江苏省苏州市浒墅关地区蚕桑丝专家在民国年间和新中国成立初期的故事，人们常说现代科学养蚕方法传播到我国农村是从他们开始的。他们即使不能说是我国现代蚕桑丝事业的开创者，也能称得上是先驱者。

1949年前，对于苏州人来说，能引以为豪的，除了身在鱼米之乡外，就是苏州的蚕桑和丝绸了。苏州之所以曾有全国甚至全世界最漂亮的丝绸，是因为她曾有最发达的蚕桑丝业。

周氏一门7人，均系科班出身，致力蚕桑丝事业，建树良多，功绩卓著。

谨以此书献给我的母亲和那些献身“一带一路”的先驱者。

序 一

陆　平

捧起《蚕丝之恋——浒墅关的那些桑女丝情》书稿，顿感沉甸甸的。二十多万的文字、大量的图片资料，承载着中华民族蚕丝之路的漫长岁月，展现了姑苏古城的一朵奇葩。

拜读书稿《蚕丝之恋——浒墅关的那些桑女丝情》，更觉肃然起敬。作者历时数年，呕心沥血，精雕细刻，反复修改补充，遍阅无数资料，搜集相关文字、图片、逸事；走访故人、旧址，足迹遍布大江南北、城镇乡间，远至丝绸之路上遥远的新疆和田地区。作者犹如辛勤的农夫，悉心侍弄一方小园，精耕细作，努力达到精湛极致。其情其意，实在令人动容！

《蚕丝之恋——浒墅关的那些桑女丝情》用丰富的史料记载了苏南一带近现代蚕丝业曾经的辉煌，以及发生的许多生动曲折的故事。我国蚕丝业的历史源远流长，是一笔中华民族独有的灿烂遗产，也是一笔可贵的物质加精神财富，值得大书特书。笔者未做蚕丝业起源的详细考证。据史料，早在战国时期，古人穿一种叫“绨”的粗厚光滑的丝织品。《诗经》中有“蚕月条桑”的句子。我国蚕丝业的历史可谓长矣！而历史上许多的江南织造府，无异于蚕丝业发展道路上的“驿站”了。众所周知，我国蚕丝业曾经繁荣发展在漫长的历史长河中，古人曾经开辟了“丝绸之路”，国人数千年来与蚕丝织品相伴，中华民族曾经以绚丽多彩的丝绸产品赢得世界的瞩目！如今，前人开创蚕丝业的漫长历程，不知有几多后人还能铭记心头？作者所做的，正是在人们淡忘之际的呐喊，把一段蚕丝业真实的历史展现给我们，以及后人。这正是本书的价值所在！

作者的笔触，横跨百年岁月，纵横广袤地域，忠实、翔实地记载了苏南蚕丝业波折起伏的生动故事，讴歌了老一辈周氏前人和同人们为民族蚕丝工业做出的丰功伟绩。这些前辈们当年立足于实业救国和育英办学，致力于蚕桑丝事业、开办蚕桑专业学校以至办平民学校等善举，实在功德无量！

作者浓笔书写了郑辟疆、费达生这两位蚕丝教育专家的艰辛奋斗历程和他们毕生献身于我国蚕桑事业的博大精神，他们取得的成就和在我国蚕丝业的深远影响，以及他们执着又不失浪漫的生活历程。两位前辈志同道合，以丝为媒，茧结同宫，相濡以沫，给后人留下一段佳话。就是到了晚年，两位前辈依然笔耕不辍，关注蚕丝事业，专心著述。

作者倾情书写了蚕桑、蚕丝实业家邵申培，记述了他毕生致力于蚕种改良和蚕丝教育事业的动人事迹，记载了他精心培育的第一张“虎牌”蚕种，以及“虎牌”蚕种往日的风光。而经他二十余年的艰苦创业，大有蚕种场曾遍及江苏、浙江、安徽、台湾等地，还在台湾新竹建有一个家蚕试育所。大有蚕种场除总场外还有十二个分场，规模宏大，令人瞩目。邵申培为我国的蚕桑、蚕丝业做出了重大贡献。

同样引起读者关注的更有蚕桑、蚕丝业志士周元勋。这位倾毕生精力于蚕桑、蚕丝业的有识之士，致力于实现制种、养蚕、缫丝、织绸和营销一体化，苦心经营十余年，终于筹建起人们熟知的“江南丝厂”，为我国近现代蚕丝业的发展，书下了浓墨重彩的一笔。他一生对蚕丝事业倾心投入，“春蚕到死丝方尽”正是他真实的写照。

时代在前进，科学在发展。在成千上万的传统市场走向衰微的今天，我们的蚕丝业也不可避免地走过了它漫长的黄金时期。棉纺业后来居上；毛纺业又占据市场一席之地；化纤产品更是以丰富的品种和高性价比走向千家万户，融入人们的生活……然而，数千年来蚕丝业的历史和蚕丝业的生产技能，应该也必须得以总结、记载，更应该得到传承。我们前辈献身蚕丝事业的精神，他们所做的不屈不挠的艰辛努力，值得我们乃至一代又一代后人铭记。

笔者年轻时在丝绸企业谋生多年，谙熟养蚕、收茧乃至缫丝和织绸的全过程。最让人感喟的是那热气腾腾的缫丝车间，一粒小小的蚕茧，通过缫丝机抽出细微的蚕丝来，汇集成可供织绸的一根丝。万千蚕茧，精细操作，繁重劳作之后方才织得丝绸成品——绸缎。如此烦琐精细的劳作，实在令人肃然，感叹，赞美！合上书稿的最后一页，我不由得联系到作者含辛茹苦、笔耕数年的付出，走访核实、查找资料的辛劳。作者写的是蚕丝，同样也体现了蚕丝精神。

蚕丝之恋，千古绝唱！

（本文作者系中国作家协会会员）

序 二

李明南

仔细拜读了周大庆编著的《蚕丝之恋——浒墅关的那些桑女丝情》后，我感到非常震惊。他居然收集了这么多的历史资料，从我们母校的成立，到学校近百年的变迁更名、沧海桑田，写得非常翔实，足见他付出了惊人的精力、非凡的功夫。我心中十分钦佩。

我是中华人民共和国成立后女蚕校的第一届制丝科学生，1952年毕业，当时学校的名称是“江苏省立女子蚕业学校”。我们的母校非常美丽、幽静。学校大门口是京杭大运河，河水清澈见底，时常能看到小鱼在游动，休息时我和同学喜欢在河边结伴而行，心情特别愉快。学校大门内的道路两旁有修剪得很整齐的冬青树，常年碧绿，青翠欲滴；校园的南边有一座气势雄伟而庄严的礼堂，那是老校长郑辟疆主持建造并题名的。1947年校友募捐集资建造的“西陵堂”，也是我们师生集会的地方，当年郑辟疆校长与费达生老师就是在那里举行了简朴的结婚典礼。

我们学校有良好的学习环境和生活环境。学习上，有宽敞明亮的教室、实验室、养蚕室，有芳草如茵的操场，有博学多才的老师，有用于实践的实习工厂与蚕桑基地。生活上，有当时少有的装好纱窗、纱门的宿舍，有医务室、食堂、盥洗室，还有洗晒衣服的地方；白天有开水供应，晚上有热水供应，各种生活设施朴素实用。学校领导对我们学习上、生活上的关心无微不至，让我们感受到集体的温暖。我们下定决心要努力学习，为祖国蚕桑丝事业的兴旺发达，贡献出自己的青春和力量。

我进校时，中华人民共和国刚成立，百废待举。大多数同学的家庭经济十分困难，学校不仅学费全免，伙食费也有甲、乙、丙三等补贴，吃饭是8人一桌，饭菜可口，大家都很快乐。学校教学基础课有语文、数学、政治、物理、化学等，专业课有蚕桑、养蚕、制丝、检验等。专业课没有现成的课本，都是老师自编、刻印的讲义，因此老师也很辛苦。我们学校教育的最大特点是理论与实践相结合，学习与劳动相结合。在校学习的三年中，我养过蚕，当过工人，在实验丝厂各个部门都实习过，各部门的管理和生产实践都体验过。因此我们毕业时，不仅在理论上深知如何提高蚕丝的质量，也能上手操作。这样的教育方针让我们受益匪浅。可以说，在蚕丝业务范围内，我们能胜任任何一项工作，并深得单位领导和群众的好评。

我最难忘记的是郑辟疆校长的谆谆教导："真真诚诚待人，认认真真做事，清清白白做人。"郑校长为了中国蚕丝事业的兴旺发达，为了办好学校，废寝忘食，献出了毕生精力。他不但把自己的家产献给了学校，而且为了蚕丝事业把自己对费达生老师的爱恋，深深埋藏在心底几十年。

记得在1950年他们的结婚仪式上，席德衡老师要他们谈恋爱经过，郑校长说："我们相爱已几十年了，还是让达生讲吧。"费达生老师坦率地娓娓道来："我们互相爱慕的时间确实很长了，但我们一直把这份爱慕埋藏在心中。只有一次，老校长曾暗示过我，那是在四川的时候。有一次，我俩在郊外散步，老校长对我说：'你看这里有两只羊，那只小羊老是依偎在大羊身边不肯离去，它们真是母女情深啊！’对此，我俩一直心照不宣。为了事业，我们从未考虑结婚之事。抗战胜利归来后，学校需要重建实习工厂、蚕桑基地，各项事务，千头万绪，我们常为学校工作忙得焦头烂额，根本没有时间考虑个人问题。现在所有事情步入正轨，我们终于可以结婚了……”

记得郑校长和费达生老师结婚时，郑校长已年过古稀，费达生老师也已近知天命之年。参加婚礼的除了学校全体师生外，还有实习丝厂的员工。婚礼既简单又隆重。费达生老师在结婚仪式上深情地说：“我和郑校长的结合，是精神上的结合。今后在生活上，我要更好地照顾老校长，在工作上、学习上我们要相互扶助，更好地为蚕丝事业的发展添砖加瓦。”婚礼结束时，他们给我们每人发了一袋糖果和花生。那是我第一次参加的婚礼，也是令我最难忘的一次婚礼。现在回忆起来，如水年华，往事就像发生在昨天一样。

在我上蚕校期间，费达生老师担任学校实验丝厂的厂长，工作非常繁重，但她没有任何架子，时时关心我们。有的同学家庭经济困难，她就安排他们在寒暑假勤工俭学，解决他们生活上的困难。她一生克己奉公，勤俭节约，从不考虑个人得失。

1981年我出差回苏州，与当年的同学朱乃瑾一起去母校看望费达生老师。见面后她的第一句话是“你们的校长过世了”。说着，她眼中噙满泪花，我们也不敢多问。那时她的视力已经相当差了，戴了一副眼镜，外加一个放大镜，还要在光线好的地方，几乎是贴着书本在学习。朱乃瑾深情地说：“啊！老师，你休息休息吧！”费老师回答说：“一个人的生命是有限的，学习是无限的，生命不息，奋斗不止。”我们师生见面很高兴，不知不觉就到了吃中饭的时间，她非要请我们吃饭。在学校的食堂里，她特意为我们点了一份红烧排骨、两份素菜、一碗汤。她自己只吃一小碗饭、一点点蔬菜，生活还是那样节俭。我们边吃边谈，她高兴地说：“现在形势很好，蚕丝事业的春天到了，我们大家都要好好地工作，为祖国蚕丝事业的再度辉煌贡献自己的力量。”当时她已是快80岁的高龄老人了，还经常下工厂、去基层指导工作，潜心研究蓖麻蚕的饲养问题，精神十分感人。

现在老校长和费达生老师都已驾鹤西去。他们的一生是平凡而光荣的，永远值得后人景仰和学习，正所谓虽死犹生，千古长存！

（本文作者为江苏省立女子蚕业学校制丝科学生，1952年7月毕业）

自序

传说远古时候的一天，风和日丽，百花盛开，轩辕黄帝的元妃西陵氏（嫘祖）到花园里去游玩，忽然看见一位衣着鲜艳的仙女从天空飘飘然降了下来，抓起挂在花园里的一张马皮，迅速消失在一棵树上。嫘祖赶到树下，仙女不见了，树叶上蠕动着一条条晶亮透明的白色虫子；又过了些天去看，树上结出了一个个白色的“果实”。嫘祖命令一个小侍女上树去采摘，凑巧有一个“果实”掉在侍女为嫘祖捧着的热水盆里。嫘祖忙叫她捞起来，那侍女竟从“果实”中扯出一根光滑、透明的丝线来，侍女扯啊扯啊，怎么也扯不完。嫘祖看得入神，就叫侍女把这些“果实”全部带回宫去，用开水泡起来抽出丝，又将丝织成绸，再用绸做成衣服。这丝绸做成的衣服是多么漂亮，又光洁，又柔软，穿在身上比从前用蓖麻做的衣服美观、舒适多了！从此，嫘祖就教百姓栽桑、养蚕、抽丝……这就是几千年来我国关于伏羲养蚕、嫘祖教民缫丝的传说。

历史上有无伏羲、嫘祖其人，已无从考证，而丝绸以及由此形成的丝绸文化是中国古代劳动人民的光荣创造，却是举世公认、不容置疑的。中国丝绸通过陆地和海上的“丝绸之路”传到世界各个角落，历史悠久，为世界之先。可是，由于各种原因，我国的蚕丝事业又落到了一些资本主义国家的后面。振兴中国蚕丝事业，夺回我们的优势，一代代优秀的中华儿女，为实现这一目标进行了持久不懈的努力和拼搏，留下了许多可歌可泣的动人事迹……

本书真实地记载了20世纪20年代初至中华人民共和国成立后的一段岁月里，苏州浒墅关蚕桑丝教育家、江苏省立女子蚕业学校、浒墅关蚕桑专科学校校长郑辟疆，蚕桑专家费达生，蚕桑志士、浒墅关大有蚕种场总经理邵申培，蚕丝志士、浒墅关三元蚕种场经理、浒墅关江南丝厂经理周元勋等先贤，艰难创业、砥砺进取、春风化雨的动人故事。本书人物个性鲜明，老照片真实可信；全书图文并茂，内容丰富，人物经历跌宕起伏，一代蚕桑事业的楷模将留给后人更多的激励和启示。

目 录

概 述

一、故国丝路

人类在劳动中创造了丰富的物质文明，也创造了灿烂的精神文明。

人类的服装材料，主要来源于兽皮、丝、棉、麻四种。前两种取自动物，后两种取自植物。

最初人们为了御寒，是从动物身上取兽皮护身，这是出于生存所需；后来人们发现能用蚕丝织绸制衣，这是一个飞跃，更是一个升华，从此衣锦灿烂，华服映日，霓裳如云，光耀千秋。所以后人注疏

丝路古城——吐鲁番高昌古城

《左传》时说："中国有礼仪之大，故称夏；有服章之美，谓之华。"中国历来就是礼仪、文明之邦。中国丝绸后来传到世界各国，世界也由此知道了中国、了解了中国。"丝绸之路"传播了中华文明。古代西方称中国为"赛尔斯"（Seres），意为"丝国"。中国丝绸文化所包含的内容，早已超越丝绸本身。所以，了解和研究丝绸及丝绸文化的意义就更重大了。

"蚕"在《说文解字》注中解释为："任丝虫也。'任'俗作'吐'。今正。言唯此物能任此事，美之也。"蚕是具有吐丝功能的虫，而且只有蚕能做这件了不起的事情，值得去赞美它。

看似不起眼的一根丝，从蚕的嘴中缓缓吐出，谁知竟织就了华夏五千年文明史的重要一章。谁穿什么材质的服装、穿什么颜色的服装，什么季节、什么场合穿什么样的服装，等等，在古时候是有严格规定的。蚕贡献了其中最华贵服装的原材料——丝。蚕，昆虫纲，鳞翅目，是蚕蛾科和大蚕蛾科昆虫幼虫的通称。蚕，吃桑叶长大，蜕皮时不食不动，俗称"眠"，一般经过四"眠"就开始吐丝，以丝结茧。蚕在茧里变成蛹，蛹再变成蚕蛾。茧丝光滑细柔，有牢度，可染色，能用作织物纤维，可织成轻软滑爽的丝绸。这是蚕最大的功绩。

在《本草纲目》中，李时珍对蚕做了集解，说："蚕，孕丝虫也。种类甚多，有大、小、白、乌、斑色之异。其虫属阳，喜燥恶湿，食而不饮，三眠三起，二十七日而老。自卵出，蜕而为蚕，蚕而茧，茧而蛹，蛹而蛾，蛾而卵。南粤有三眠、四眠、两生、七出、八出者。其茧有黄、白两色。"各地的蚕桑养殖在数千年的演化过程中形成各自独具特色的习俗，也就有了各式各样的蚕俗文化。在丝绸之乡的太湖周边，独特的太湖蚕俗，与我国其他地方的蚕俗既有相同之处，又有自己的特色。

中国是一个泱泱大国，蚕文化源远流长，与蚕有关的文学作品更是不胜枚举。

《诗经》是我国古代第一部诗歌总集，其中《七月》这首诗中写道：

“七月流火，八月萑苇。蚕月条桑，取彼斧斨。以伐远扬，猗彼女桑。”

该诗记述了农人修剪桑树、采摘桑叶的劳动场面。

汉代乐府诗《陌上桑》写道：“日出东南隅，照我秦氏楼。秦氏有好女，自名为罗敷。罗敷喜蚕桑，采桑城南隅……”这首诗叙述了一位美丽善良的采桑少妇，机智地拒绝太守纠缠的故事。

唐代大诗人白居易的《缭绫》诗描述了丝绸品之一——缭绫：

缭绫缭绫何所似？不似罗绡与纨绮。
应似天台山上明月前，四十五尺瀑布泉。
中有文章又奇绝，地铺白烟花簇雪。
织者何人衣者谁？越溪寒女汉宫姬。
去年中使宣口敕，天上取样人间织。
织为云外秋雁行，染作江南春水色。
广裁衫袖长制裙，金斗熨波刀剪纹。
异彩奇文相隐映，转侧看花花不定。
昭阳舞人恩正深，春衣一对直千金。
汗沾粉污不再着，曳土踏泥无惜心。
缭绫织成费功绩，莫比寻常缯与帛。
丝细缲多女手疼，扎扎千声不盈尺。
昭阳殿里歌舞人，若见织时应也惜。

一叶桑、一根丝，寄托了人们多少信仰和希望；一匹绸、一件衣，交织着人们无数劳动和智慧。

《四时田园杂兴》是南宋范成大居苏州石湖畔野外即事诗。石湖本是太湖东出水的一个分支，流经上方山脚下。范成大以诗人的眼光，状写田间习俗。其中涉及蚕桑的有多首，如《春日》：“柳花深巷午鸡声，桑叶尖新绿未成。坐睡觉来无一事，满窗晴日看蚕生。”“桑下春蔬绿满畦，菘心青嫩芥苔肥。溪头洗择店头卖，日暮裹盐沽酒归。”《晚春》：“三旬蚕忌闭门中，邻曲都无步往踪。犹是晓晴风露下，采桑时节暂相逢。”《夏日》：“百沸缲汤雪涌波，缲车嘈嘈雨鸣蓑。桑姑盆手交相贺，绵茧无多丝茧多。”“小妇连宵上绢机，大耆催税急于飞。今年幸甚蚕桑熟，留得黄丝织夏衣。”“昼出耘田夜绩麻，村庄儿女各当家。童孙未解供耕织，也傍桑阴学种瓜。”诗人把蚕桑渗透到了田园生活的各个方面。苏州的蚕桑文化是那样的普及与丰富，普及到家家户户，丰富到年年岁岁。正是“绿遍山原白满川，子规声里雨如烟。乡村四月闲人少，才了蚕桑又插田”。

蚕以献身，给人衣锦，卵蚕茧蛾，周而复始；人以勤劳，植桑养蚕，丝绸绫缎，流传千秋。让我们认识蚕桑，重温历史，感知中国文化的博大精深，爱我人民，爱我中华！

二、最早的丝织

坐在沪宁线的火车上经过苏州唯亭时，往北望去，可以看到远处有两个高高隆起的土墩，当地农民称为“夷亭山”或“草鞋山”。草鞋山形状像只草鞋，东西长约120米，南北宽约100米，面积约12000平方米，山体高出地面5.5米以上。1972年至1973年，这里曾进行过两次考古发掘，前后共发掘了1000多平方米，开掘出远古时代的文化堆积层10.5米。这两次考古发掘，连同吴江梅堰的考古发掘，发现了极有价值的遗迹和遗物。考古工作者根据出土的石斧，确定草鞋山和梅堰是新石器时代的遗址。因为石斧是新石器时代最常见的一类工具。这两个古代文化遗址，特别是草鞋山遗址，可以充分证明，五六千年前就有人类在苏州这块土地

古代织女

上劳动、生息和繁衍。草鞋山遗址的出土文物，是目前我们了解苏州地区最早人类活动状况的依据。

草鞋山遗址出土的炭化纺织品中，有织物“罗”；钱山漾遗址也出土了绢片、丝带和丝线等大量丝织品，这些是目前世界上发现并已确定的最早的丝织品。此外，吴江梅堰出土的黑陶纹饰上有蚕纹装饰，金坛三星村遗址发现的帽饰上有蚕形骨雕，这些都证明：吴地的养蚕织丝起源，比传说中黄帝妃子嫘祖发明养蚕织丝技术，还要早一千多年。

以出土文物为据，古代南方先民经过了由认识到利用野生茧丝昆虫，再到把家蚕驯化成功的历史过程。栽桑养蚕和织丝成衣的发展，是从南方向北方传播的。苏州地处太湖流域，气候温和湿润，水质优良，土地肥沃，是植桑、养蚕的绝佳之地。于是苏州就有了“乡贡八蚕丝”的记载，以及“夜市卖菱藕，春船载绮罗”的诗句。

三、蚕桑世界——太湖流域

江苏省是我国蚕茧主产区之一，太湖流域更是蚕桑的世界。自古以来，蚕桑生产就是江苏农村的传统重要副业。春秋吴越争雄时，越国大臣文种和范蠡向越王勾践提出的复国大计中就有“省赋税，劝农桑”的建议。吴越两国是邻国，越国蚕桑发展了，吴国的蚕桑也有所发展。春秋战国时期，徐淮地区部分县曾属齐鲁两国，《史记》有“齐带山海，膏壤千里，宜树桑麻”和“邹、鲁、

太湖雪蚕桑文化园

滨、洙、泗颇有桑麻之业”的记载。

秦统一全国后，统治者采取“农桑并举”“耕织并重”的政策，江苏蚕桑业得到发展，丝织品成为江苏贡赋和贸易的重要物资。汉政权建立以后，更重视蚕桑生产，江苏蚕桑技术比先秦时期有所进步。汉景帝时“令郡国务劝农桑，益种树，可得食物”，至此，栽桑养蚕成为江苏农家的重要副业，蚕农们开始使用室内加温促进蚕生长发育的方法。三国时期，魏国和吴国的分界线在江淮之间，由于战争频繁，农桑废弛，田园荒芜。魏吴两国均以振兴农桑为强国之本。魏国规定农民“户出绢二匹、绵二斤”以充军需；吴国也屡次号召发展蚕桑，地处吴国后方的镇江丘陵山区，社会比较安定，蚕桑大有发展。当时江苏境内桑树已有大规模成片栽培，桑葚曾成为战时军粮和平民救荒粮食。

隋统一中国后，实行均田制，把桑田作为永业田，丁男可以继承，这有利于百姓精心培育桑树。唐代，江苏成为中国东南地区的丝织中心，唐代诗人陆龟蒙在描写太湖洞庭山农村景物时就有“处处倚蚕箔，家家下鱼筌”的诗句。五代时，杨行密建吴国于扬州，曾用价格政策鼓励农民发展生产，因而“江、淮间旷土尽辟，桑柘满野，国以富强”。建都于金陵（今南京）的南唐政权曾规定：“民三年艺桑及三千本者赐帛五十匹，每丁垦田及八十亩者赐钱二万，皆五年勿收租税。”江淮地区蚕桑兴起，所产丝织品不仅供本地区消费，还外销其他地区。吴越比南唐更注重发展蚕桑，吴县、吴江、昆山等地区蚕桑生产得到更大的发展。宋朝立国之初就注重蚕桑业，一面严禁伐桑为薪，一面鼓励栽桑养蚕，太湖地区成为全国蚕业重点地区，徐淮地区的蚕业也较发达。宋熙宁十年（1077），苏轼到徐州任知州，次年春写下《浣溪沙》，其中有句云：“麻叶层层苘叶光，谁家煮茧一村香。隔篱娇语络丝娘。”宋代已开始栽培低刈桑和中刈桑，并有记述蚕业技术经验的农书传播。北宋后期江苏高邮人秦观所著的《蚕书》，是中国现存最早的一本养蚕、缫丝专书，该书反映了江苏江淮和太湖地区的养蚕情况。稍后，江苏仪征人陈旉所著的《农书》中亦有宋代江苏太湖地区蚕桑生产技术的记载。宋室南渡以后，南宋政府命令“淮民复业，宜先劝课农桑”。因而，苏南地区的蚕桑业在北宋兴盛的基础上又得到进一步发展。

元代，江苏蚕桑生产一度衰落。元军长驱南下时，严重摧残了江苏淮北地区的蚕桑生产，但在进入江南地区后，改变了政策，安民兴业以巩固统治。明代宋濂《元史》卷九三《食货志·农桑》记述：“世祖即位之初，首诏天下，国以民为本，民以衣食为本，衣食以农桑为本。于是颁农桑辑要之书于民，俾民崇本抑末。”苏南地区的蚕桑生产得以继续发展，太湖流域依然是蚕丝业的重要基地。

明、清两代是江苏蚕桑历史上的中兴时期。据《明史》记载，明太祖朱元璋在南京建都后，规定官吏考核要上报农桑的治绩，违反的要降职处罚；下令凡农民有田5亩到10亩的，栽种桑、麻、棉各半亩，10亩以上的加倍，田多的则按比例递加，这对南京及其周边地区蚕桑生产的发展起了很大的促进作用。明代中叶，改良桑树品种、选育优良蚕种、防治蚕病等技术措施都有所发展。明代冯梦龙在《醒世恒言》里这样描写盛泽镇当时的盛况：“镇上居民稠广，土俗淳朴，俱以蚕桑为业。男女勤谨，络纬机杼之声通宵彻夜。……江南养蚕所在甚多，惟此镇处最盛。”清代，随着农业和商品经济的发展，江苏蚕桑生产也得到较快发展。太湖流域各县，特别是与浙江毗邻地区，蚕桑生产都很兴旺。《清嘉录》记载：“环太湖诸山，乡人比户蚕桑为务。三、四月为蚕月，红纸粘门，不相往来，多所禁忌。”

清代江苏蚕桑业的中兴，除了外贸开拓的刺激外，还得益于蚕业教育的兴起和蚕桑技术的传播。光绪二十七年（1901），江南蚕桑学堂在南京成立，这是江苏培养蚕桑技术人才最早的学校，后并入江南高等实业学堂。光绪二十九年（1903），杭州蚕学馆毕业生史量才在上海高昌庙桂墅里创办上海私立女子蚕业学堂，开中国女子蚕业教育之先河。该校于宣统三年（1911）改为江苏公立学校，在吴县浒墅关（今属苏州高新区）建筑校舍。中华民国成立后，该校于1912年经江苏省政府批准，继续旧案，成立江苏省立女子蚕业学校（后该校名称多次变革，为便于理解，全文统称“女蚕校”）。

民国时期，政府倡导发展蚕桑生产，省、县地方政府都设有主管实业的机关，掌管蚕桑技术推广和改进工作，推进蚕业教育和科研，开办蚕种场，设立茧行，促进了蚕桑生产的恢复和发展。在教育方面，既有设在苏州浒墅关的蚕桑专业学校——江苏省立女子蚕业学校，又有苏州农校、淮阴农校、宜兴农校、镇江女职、丹阳正则职校等农业职业学校设立的蚕桑科，还有南京东南大学、金陵大学设立的蚕桑系或蚕桑讲习科，为江苏蚕业的改进和发展培育了人才。在科研方面，民国四年（1915），女蚕校开始制造改良蚕种；民国六年（1917），江苏省农矿厅在扬州设立了江苏省蚕桑模范场；民国七年（1918），无锡设立了江苏省育蚕试验所；民国九年（1920）以后，专业蚕种场蓬勃兴起；民国二十年（1931），国民政府在位于南京的中央农业实验所内设蚕桑系，开展科学试验研究。至民国二十年，江苏省境内共有官办、学校办、丝厂办、私人办、洋商办等类型的专业蚕种场115家，全年制种250万张左右。蚕区各地普设茧行，至民国十九年（1930），全省开业茧行1315家，共有烘茧灶14915架。全省蚕区逐步扩大。据江苏省农矿厅调查统计，民国十八年（1929）至二十年，全省61个县中有44个县进行蚕桑生产，桑园面积达110万余亩，蚕茧年产量3.2825万吨，均为江苏历史上有统计数字记载以来之最。

四、科学养蚕

《太湖备考·风俗》中称：太湖周边“以蚕桑为务，地多植桑。凡女未及笄，即习育蚕。三、四月谓之蚕月，家家闭户，不相往来”。田边塘旁、宅前屋后都种上桑树，形成“荫陌复垂塘”“鸡鸣桑树颠”的情景，太湖流域尽是桑林。有的蚕桑区甚至出现过十分之七栽桑、十分之三种粮的比例，于是有了“无丝不成镇”之说，并有俗

养蚕

语“种得一亩桑，可免一家荒”“家有三亩桑，钞票用勿光”。苏州城里，至今还留有蚕桑地、养蚕里等地名。

人们在育蚕过程中也形成了许多养蚕禁忌，譬如要讲究环境卫生，防止污染引发蚕病及鼠害。

20世纪初，郑辟疆、费达生、邵申培、周元勋、周元功、周元勳、邵克培、姚咏平等先贤开拓创业，在浒墅关地区办起了蚕桑学校和赫赫有名的大有、三元、天远、永新蚕种场，在民间大力推广、普及科学养蚕知识，实施“蚕业革命”。

于是，一个崭新的养蚕时代在浒墅关周边地区以及太湖流域开始了，新元、大元、新桂等纯蚕种代替了农村中普遍饲育的余杭土种。

大有蚕种场推广改良蚕种，实行科学养蚕，很快，他们先进的养蚕技术立足本地，并被推广到全国各省区，同时还输出到国外，驰名中外。太湖流域成了真正的桑林世界。

苏州浒墅关作为主要的蚕种生产基地，在国际上享有盛名。苏州蚕桑专科学校为我国培养了大批蚕桑业高级技术人才。大有蚕种场占地125公顷，生产的蚕种被誉为“铁种”，民国时期已形成以科研为先导的三级（总场、分场、蚕桑机械试验厂）管理网络，繁育四级（母种、原原种、原种、一代杂交种）制种的育种体系，生产的蚕种量占全国的20%，为我国蚕桑事业的发展做出了不可磨灭的贡献。

民国期间，浒墅关蚕区拥有大量的攻读蚕桑丝专业的归国留学生，是我国技术力量最雄厚的蚕区。“大江东去，浪淘尽，千古风流人物。”在发展中国蚕丝教育和蚕种生产事业中，浒墅关汇聚了一批杰出的人才。他们就似春蚕，不，就是春蚕；他们有各自鲜明的人物个性；他们竭尽全力，吐出了一根根闪光的银丝，织进了祖国万紫千红的锦缎之中，为神州大地蚕桑丝绸事业写下了光辉的篇章。

五、昔日的辉煌与骄傲

追溯到明代中叶，苏州就是“东北半城，万户机声”“东风二月暖洋洋，江南处处蚕桑忙。蚕欲温和桑欲干，明如良玉发奇光”。古代文人墨客写下这许多优美动人的诗句，也是对丝绸故乡——苏州的真诚赞美。

说起现代苏州的蚕桑丝业，就不能不说浒墅关的蚕种场。这个曾经领先全国的蚕桑巨无霸，如今在现代工业大潮下，只留下了辉煌的印记。时间改变了一切，带走了一切，现代生活在频频向我们招手。从农耕社会，进入工业社会、信息时代，再步入现代科技社会，一句话：适者生存。曾记否？民国年间浒墅关的蚕种场不仅是江苏省最大也是全国最大的蚕种场，甚至是全世界最大的蚕种场，当然也是我国建场历史十分悠久的蚕种场之一。

早在民国七年（1918），科技兴农的先驱——蚕桑丝教育家郑辟疆，任女蚕校校长之后，就培育了新的改良蚕种代替农村中使用的余杭土种。郑辟疆引进先进技术，推陈出新，对传统蚕丝业进行改革。因为采用了改良蚕种和科学的饲育方法，蚕农的经济效益大为提高，中国的蚕桑及丝绸业终于迎来了大发展。丝织厂、印染厂等相关厂坊也在江南如雨后春笋般出现，带动了整个江南经济，甚至整个中国经济的发展。

江浙一带由于蚕桑和丝绸业的高速发展，农家对改良蚕种的需求量大大增加，女蚕校及浒墅关镇上的几家蚕种场生产的改良蚕种早已供不应求。面对这一情况，郑辟疆和他毕业于杭州西湖蚕学馆的同窗校友，也在女蚕校任教的邵申培，经过调研达成共识，决定集资创办蚕种场。经过努力，他们租得女蚕校南河岸官荒地，建成大有蚕种场，并推选邵申培为蚕种场经理。

在老人们的记忆里，沪宁线铁路开始建设时，蚕种场也破土动工了。其中，大有蚕种场在民国十五年（1926）开办，当年为农历丙寅虎年，又因浒墅关曾有“虎疁”之名，故以“虎牌”为蚕种的注册商标。

随着蚕桑丝事业的发展，蚕种场也蓬勃发展，浒墅关迎来了蚕桑丝事业的春天。苏州解放前，浒墅关有大大小小23家私营蚕种场，大有蚕种场为其中最大的一家，它本身就有11个分场，在台湾新竹还有一个家蚕试育所。

中华人民共和国成立后，浒墅关各家蚕种场逐步由私营改为公私合营，1956年全国对私改造高潮时，蚕种场全部改为公私合营，取名江苏省浒墅关蚕种场，分为5个分场（或工区），即1个原种场，4个普通蚕种场。

20世纪50年代初，年仅8岁的我，跟随母亲从苏州城里来到浒墅关三元蚕种场，就读于浒墅关中心小学。三元蚕种场在我童年的记忆中，留下了深刻的印象。后来我慢慢知道，三元蚕种场是我的两个伯父和父亲三人所有，他们的名字为周元勋、周元功、周元勣，所以场名叫作“三元”。苏州解放后，蚕种场改为公私合营前，我的两位伯父已先后去世，父亲去了香港，三元蚕种场由我的二伯母张慧多和母亲张绮容共同主持。

那时的浒墅关，天蓝云净，山清水秀，阳山峰峦，民风淳朴，老街沿运河两岸延伸平行，形成“十里长街运河塘”。运河西岸为上塘街，运河东岸为下塘街。走出小镇，映入眼帘的是一望无边的矮脚桑林，郁郁葱葱，微风过处，空气清香，一个个蚕种场散落在古镇四处，成为一道道亮丽的风景线。

蚕种场都建在河边，一来利用水路运输桑叶颇为方便，二来清洗蚕匾等蚕具比较便利。紧傍蚕种场的运河水波荡漾，沉鳞竞跃。每次运桑船经过都会在水面留下无尽的波纹，一波一波地延伸直至归于沉静。每个蚕种场都是一个风景宜人、景色优美的百花园。

费达生，我国著名社会学家费孝通的姐姐，曾任江苏省丝绸工业专科学校副校长，该校即后来的苏州丝绸工学院，1997年并入苏州大学。1961年，费达生任苏州丝绸工学院副院长。20世纪20年代，费达生就追随郑辟疆，献身中国的蚕桑事业，二人都无暇顾及个人问题，直到20世纪50年代初，两位先贤才结为伉俪。他们为中国蚕桑及丝绸业做出的贡献是巨大的，他们这种先事业后爱情的崇高情怀实在令人感动。费老最后的岁月是在紧邻浒墅关蚕种场的水车浜度过的，她念念不忘的是浒墅关，这里是她事业和爱情的起点。

苏州气候温和，雨量充沛，桑树生长期较长，一望无际的桑树林是我童年寻觅美食的胜地。桑葚快要发紫的时候，孩子们便三三两两钻进桑树林里采摘甜甜的桑葚儿，这也是我对蚕种场深刻而又美好的回忆。

蚕种场一年可养三次蚕，春季一次，秋季早秋、晚秋各一次，一个蚕期需要三个月左右。虽然养蚕只要二十多天，但是制种、清洗等工作都需要时间和耐心，不得掉以轻心。养蚕期间，技术员和工人很少合眼，不仅每天要喂6—8次桑叶，还要给蚕室消毒、清洗蚕具，忙这忙那。在我童年的记忆中，担任技术员的母亲和二伯母，在繁忙的蚕期里，常常熬夜，每天仅睡三四个小时，经常是两眼通红，非常辛苦。养蚕除了要讲究科学技术，还有一个特点是喂桑叶必须昼夜不停地连轴转，夜间也不能休息。当然，劳动是快乐的，我每天都能听到养蚕女工爽朗的笑声，也可以从她们利落的动作中感受到劳动者的朴实和善良，这是我对养蚕女工最初的深刻印象。时光荏苒，尽管半个多世纪过去了，我仍会经常打开泛黄的蚕种场老照片，看着那些老照片，我思绪万千，难忘往事……

据浒墅关蚕种场退休老技术员周焕伦（曾任浒墅关三元蚕种场技术主任）介绍：中华人民共和国成立后，浒墅关蚕种场的普通蚕种产量曾逐年增多，从“文革”前最少一年24万张，到改革开放后最多一年达到70万张；蚕种场最兴盛时，桑田达2000多亩，蚕室、附属室、职工宿舍、办公用房、仓库等房屋有3000多间，生产人员中基本工有500人左右，而最忙的季节工人超过了3000人。

1937年，浒墅关地区仅大有蚕种场就生产了64.2万张蚕种（占苏、浙两省总量的20%以上），加上其他蚕种场生产的蚕种，总和远远超过后来生产蚕种最多一年的产量，这是铁定的事实。一位蚕校老师曾经讲到："无可争议，1937年是中国蚕种生产的真正黄金期，它的成功，关键是决策的正确和人才的使用……"可以毫不夸张地说，是郑辟疆、费达生、邵申培等仁人志士，矢志改革，锲而不舍地努力，把苏州水乡的蚕桑业推向了前所未有的辉煌。

浒墅关蚕业的辉煌，也促进和带动了丝业的发展。中华人民共和国成立前，苏州有缫丝工厂4家——苏经丝厂、苏州第一丝厂、浒墅关江南丝厂（三元丝厂）、浒墅关实验代缫丝厂（前身为江苏女蚕校制丝实习工厂），共有丝车614台，8276绪。

1895年创办的苏经丝厂是江苏省最早的丝厂，系官督商办，陆润庠为总经理。该厂于1929年停闭。苏州第一丝厂是抗战胜利后，中蚕公司从日本人手里接收的"瑞丰丝厂"。苏经丝厂和苏州第一丝厂是官僚资本企业。

苏州的4家缫丝工厂中，有2家在浒墅关，即浒墅关江南丝厂和浒墅关实验代缫丝厂，全部是民族企业。当时浒墅关江南丝厂拥有最新式的环球立缫车208台（意大利制造），浒墅关实验代缫丝厂亦有新式立缫车104台。这两家丝厂的缫丝车总数为312台，占当时苏州缫丝机车总量的50%以上。

浒墅关江南丝厂（以下简称"江南丝厂"）的创建和投产是令世人瞩目的，因其设施先进，管理科学，在当时中国缫丝工业界可谓一枝独秀。江南丝厂是浒墅关丝业巨子周元勋倾毕生精力、财力，呕心沥血数年的成果。1945年抗战胜利后，周元勋就运筹帷幄、精心策划、孜孜不倦，开始江南丝厂的前期筹备工作。1948年5月，江南丝厂建成开工。江南丝厂的崛起，改变了“二战”以后苏州缫丝工业比较落后的面貌，为恢复和发展苏州蚕丝生产，做出了不可磨灭的贡献。江南丝厂生产的“顺风牌”丝远销世界各地，1950年缫出3A级丝，其品质为全国缫丝质量之冠。

民国年间，浒墅关蚕种场的房舍建筑在当时堪称一流。每个蚕种场至少有一幢（有的甚至有几幢）别致的“洋房”，四周花木扶疏，鸟语花香，绿树掩映，景色秀美，置身其间，心旷神怡。其中大有总场、永新蚕种场、三元蚕种场的房子最为漂亮。这些房子，一般楼上做职工宿舍，楼下办公。

据老人们讲，当时这些“洋房”是浒墅关镇最漂亮的房子，甚至可以和苏州市区最好的花园“洋房”相媲美。它们见证了当时因蚕种远销全国各地而带来的收益与繁华。然而，由于时代的变迁、产业的转换，现在蚕桑丝业已经淡出主流，蚕种场的“洋房”，大多已经被拆除……

2017年春，我在南京总统府游览的时候，蓦然看到那似曾相识的细磨石子水泥的楼梯和走廊、那泛着原木香味的楼梯扶手和地板、那显示着年代印痕的木质窗格和楼房外形……这不就是我童年“暗恋”着的蚕种场的“洋房”吗？它们如此相似。这些陈旧的房舍、环境，让我触景生情，难以忘怀。我想，浒墅关蚕种场的产生和发展，肯定还有更多内在的东西值得我们去追思、怀念！

浒墅关的蚕种场，浒墅关的蚕丝业，已是悠远、壮丽的过去，但她永驻在我童年幼小的心灵中。“蚕丛及鱼凫，开国何茫然！”唐代大诗人李白流露过困惑和茫然。而浒墅关的蚕桑丝业，在近现代中国，因重视人才，吸取世界先进科学技术，不断改革，勃发生机，突破了种种茫然，带来了近现代中国蚕桑丝业的崛起，推动、促进了近现代中国缫丝工业的迅速发展。这一段辉煌、壮丽、值得骄傲的过往，将永载史册……

第一章　春在枝上已十分

第一节　浒墅关的历史人物及故事

浒墅关镇位于苏州古城西北，地处水陆交通要冲，京杭运河和沪宁铁路平行贯穿境内，312国道和沪宁高速公路在此交汇，附近有硕放机场、光福机场，向来以江南历史名镇著称。清华大学一位资深规划专家认为："此地如此优越的交通条件，在华东地区无与伦比，在中国也属罕见。"

浒墅关镇不但交通战略地位重要，而且经济文化底蕴深厚，是明代全国七大钞关之一。浒墅关镇历史文脉的延续，得益于历代先贤的修志意识。从明代嘉靖以来，浒墅关编修出版的旧关志就有5种，分别是明嘉靖《浒墅关志》十八卷、明万历《浒墅关志》四卷、清康熙《浒墅关志》二十卷、清道光《浒墅关志》十八卷以及成稿于民国七年（1918）的《浒墅关采访稿》。2005年5月又出版了新编《浒墅关志》十八卷。也就是说，浒墅关镇一个镇区拥有6部镇志，这在全国是为数不多的。这些志书为后人稽古鉴今提供了极为丰富的文献资料，是推动经济发展的理论基础，也是支撑经济可持续发展的文化软实力。

史志上有关浒墅关的历史可上溯到秦代。传说，秦始皇统一全国后，巡狩会稽，听说吴王阖闾墓陪葬了三千把吴国名剑，以武力统一六国的秦始皇当然知道名剑的宝贵，于是专程来到虎丘，想开墓求剑，正欲动手，忽见墓上有一头白虎，正怒目而视。秦始皇准备拔剑斩虎，虎掉头就跑。由于用力过猛，秦始皇没砍中白虎，却在石头上留下了一道深深的剑痕，这就是虎丘山上试剑石的传说之一。再说，秦始皇一击不中，便在部下的陪同下奋力追虎，到了阳山附近，看见白虎已到山上，距离较远，于是凭着神力，拉弓射箭，结果使得阳山两峰中断，形成剑阙。秦始皇射箭的地方被当地人称为“射渎”。秦始皇由于追虎，没能如愿获得吴王阖闾墓中陪葬的宝剑，最后老虎也跑得没了踪影。虎失踪的地方，据说“地裂为池”，因而得了个“虎疁”的名称。这个“疁”字，是指火耕之田。《说文·田部》：“疁，烧种也。”段玉裁注：“谓焚其草木而下种，盖治山田之法为然。”到了唐代，唐高祖的祖父叫李虎；五代时期吴越王叫钱镠。这“虎”和“镠”分别成为避讳字，于是“虎疁”就改称“浒墅”。

说到浒墅关，除了秦始皇，还有一位皇帝不能不说，那就是乾隆皇帝。民间传说，“浒墅关”被读作“许墅关”是因为乾隆皇帝下江南时，龙船在运河中行驶，远处一个繁华集镇城楼上旗幡飘扬，乾隆皇帝站在船头欣赏运河两岸的美景，写着“浒墅关”三个大字的旗幡随风起舞，“浒”字边上的三点水正好被风卷关旗遮住了，乾隆皇帝随口念道“许墅关”。在封建时代，皇帝是“金口”，即使说错了也是对的，于是将错就错，“许墅关”的读音就流传了下来。其实，早在宋代的志书中已经将“浒墅”记作“许市”，这一点在朱长文《吴郡图经续记》、范成大《吴郡志》中可以得到证实。

中国四大民间故事之一的《孟姜女》，也与浒墅关有缘。传说孟姜女是松江府华亭县（旧属苏州，今属上海）人，她的丈夫万喜良被秦始皇抓去修筑长城，孟姜女千里寻夫送寒衣，在经过浒墅关时，关官要她缴过关费，她没有银两，关官就要她唱小曲，于是孟姜女唱起了《十二月小调》，唱罢，关官才放她过关。苏州人称之为“孟姜女过关”，这个故事在苏州民间流传很广，几乎老少皆知。后人在孟姜女过关处立了一块石碑，上书“孟姜女过关处”6个大字。

在漫长的历史长河中，特别是在设立钞关之前，浒墅关一地只称浒墅（或许市），尽管可能已经成“市”，也就是一般的集市，但是直至宋太平兴国三年（978），浒墅关人口渐多，才形成集镇。此后，浒墅关逐渐繁荣，舟楫往来，商贾云集，成为长洲（今苏州）的一个重镇。

新编《浒墅关志》记载，到了民国元年（1912），浒墅关改称浒关市，“民国十八年八月成为浒关区，民国二十年元月，原苏州市7个市政区划并为3个城厢区。浒墅关镇为第一区署所在地”。这时的浒墅关，镇区合一，以后曾改为第四区、浒关区、浒关镇，都是区署所在地。苏州解放后，浒墅关镇是浒关区（吴县人民政府8个区之一）下辖镇，1952年升为吴县直属镇。

谈到浒墅关，在近现代中国史上有一件事不可不提，甚至可以大书一笔。那就是民国年间浒墅关的蚕桑丝业，它是浒墅关古镇的一道亮丽风景线。在20世纪20年代初，浒墅关女子蚕业学校既是中国蚕丝改革的发动机，又是培养蚕桑丝事业人才的摇篮。岁月悠悠，在20世纪上叶，抗日战争全面爆发前，浒墅关女子蚕业学校、大有蚕种场、浒墅关其他蚕种场的发展，是令世界瞩目的。浒墅关女子蚕业学校与蚕种场犹如红花和绿叶一样，相互映衬，相得益彰。它们的成长、壮大对中国的蚕桑丝事业的推进、发展，及至达到辉煌的巅峰，所做出的贡献是举世公认的。

浒墅关蚕桑丝事业发展过程中，涌现了一批杰出的优秀蚕桑丝教育家、改革家、实业家，其中当首推郑辟疆、费达生、邵申培、周元勋四位先贤，他们都是祖国蚕桑丝事业的功臣。郑辟疆、费达生是蚕桑丝教育家，邵申培、周元勋则是蚕桑志士、蚕丝志士，他们都是当时中国的高级知识分子。这四个人，走出了四段非同寻常的人生轨迹，他们的事迹可歌可泣。

郑辟疆，在浒墅关从事蚕桑丝教育事业长达半个多世纪，晚年笔耕不辍、专心著述，为中国的蚕桑丝技术革新立下了汗马功劳，被外国人称为“中国蚕业界的圣人”。他在20世纪50年代，曾受到毛泽东、周恩来等领导人的亲切接见。这也是苏州教育界的光荣和骄傲。

费达生，著名教授费孝通的姐姐，郑辟疆的夫人，我国著名的女蚕丝专家。她一生从事蚕桑丝科学技术的推广，被媒体誉为“中国当代的黄道婆”。郑辟疆、费达生，以丝为媒，相濡以沫，他们两人的爱情，真挚，纯洁。

邵申培，江苏宜兴赋村人，杭州西湖蚕学馆毕业，浒墅关大有蚕种场总经理。他一生求真务实，浒墅关老百姓概括成四句话，“作风踏实，事业心强，自奉俭约，乐于助人”。邵申培将毕生的精力奉献给了蚕种改良和蚕桑丝教育事业。自1926年苏州浒墅关镇上诞生第一张“虎牌”蚕种后，邵申培艰苦创业，锐意改革，开拓进取，经营有方。自1926至1948年的22年中，大有蚕种场除在浒墅关扩大总场外，共建有11个分场，遍及苏、浙、皖，还在台湾新竹建立了一个试育所，共计12个单位，资金比建场时的12000元增加了50倍之多，“虎牌”蚕种风靡全国各地。

周元勋，江苏宜兴云蠹村人，自幼聪慧，智力超群。20世纪20年代初，周元勋以优异的成绩考取国立中央大学河海工程学院土木工程系，毕业后在江苏省建设委员会工作，1930年任无锡永泰丝厂蚕事部主任。此后，他在浒墅关创建三元蚕种场，推行改良蚕种，科学养蚕，成绩显著。1935年，他又兼任无锡县蚕桑模范区主任。周元勋学识渊博、学贯中西，是个才子，骨子里又具备儒商的气质。数十年里，在丝厂、蚕种场的历练、拼搏，增长了他的才干，开拓了他的创业思路。他的宏伟理想是建立一个集制种、养蚕、缫丝、织绸、运销等为一体的蚕丝联合企业。从1946年1月开始，他苦心经营，呕心沥血数年，积聚资金，规划设计，筹建江南丝业股份有限公司，即江南丝厂。1948年5月，江南丝厂终于开工投产，全厂职工300多人，是当时苏州、无锡地区规模较大的丝厂；1950年有职工600多人。江南丝厂生产的丝，很快就在海内外声誉卓著。

前人栽树，后人乘凉。郑辟疆、邵申培、费达生、周元勋等先贤德高望重、事业有成，他们在浒墅关从事蚕桑丝业的过程中，尽管事业如日中天、声名远播，但还念念不忘、热情关心地方教育事业，育英救国，造福一方。1943年前浒墅关没有中学，1943年9月，张千里、郑辟疆、邵申培等9人创建浒墅关私立成城中学（吴县中学前身），公推张千里为校长。张千里、郑辟疆、邵申培等9人均为该校校董。1948年8月，吴县教育局鉴于浒墅关为吴中大镇，地处沪宁铁路和京杭运河要冲，人口众多，批办了吴县县立浒墅关初级中学。1948年9月—1950年9月，胡南琛担任吴县县立浒墅关初级中学校长，这一届校董由胡南琛、郑辟疆、周元勋、邵申培、朱桂荣等5人组成。

浒墅关私立成城中学、吴县县立浒墅关初级中学的创建，为古镇浒墅关的孩子们解决了上中学难的问题，消除了家长的后顾之忧。学校的建立，不仅开创了浒墅关中学教育的先河，而且也为日后吴县中学的发展奠定了坚实的基础。中华人民共和国成立后，吴县县立浒墅关初级中学逐步发展成为吴县和苏州地区的重点中学，1997年成为江苏省重点中学。先后培养了数万名初、高中毕业生，培养了中国工程院院士、教育部原副部长韦钰等大批专家、教授、博士生导师。

吴县中学德馨楼

第二节　林启与杭州西湖蚕学馆

一、林启其人

林启（1839—1900），字迪臣，福建侯官（今福州）人，家世贫寒。光绪二年（1876）进士。他的中、英文水平都很高，先后任翰林院庶吉士，授编修，外放陕西学政，后回北京任御史。后因对清王朝的腐败无能深表不满，上疏“请罢颐和园之役，以疏民困”，为慈禧太后和亲贵大臣所嫉恨，外放浙江，任衢州知府。两年后，调任杭州知府。光绪二十六年（1900）卒于杭州任上。

近现代史学家称誉林启“治杭得其政，养士得其教，匹夫匹妇得其利”。

现代史学家赞誉林启“孤山因林启而增色，浙江人民将永远记住他的功德”。

“谋邦资卓识，兴学启新知”是后人对为浙江教育事业做出巨大贡献的杭州高等教育奠基人林启的赞誉。

2007年6月4日上午，杭州鸡笼山马坡岭，林启纪念碑前，一行人深深地鞠躬。他们刚从美国赶来，专程前来看望先人林启。林启曾孙林衍茂说：“我们还以为再也找不到曾祖父的墓地了，这样的场景真是没想到。”

林启是福建人，作为杭州知府死在杭州，生前对杭州教育事业做出过巨大贡献。他先后创办的“求是书院”“蚕学馆”“养正书塾”分别是浙江大学、浙江理工大学和杭州高级中学的前身。林启写下过这样的诗句，“为我名山留片席，看人宦海渡云帆”，后人也就遂其愿，把他葬在孤山脚下，林和靖墓旁。由于历史原因，他的墓地被迁走后，一时间没有音讯。1987年，浙江大学90周年校庆时，林氏后人曾到孤山寻访，但没有找到；1997年，他们又来寻访，还是没有消息。

2006年，杭州历史学会理事丁云川在媒体上刊发了杭州设立纪念碑，纪念林启重葬的消息。几经辗转，这篇文章被远在美国的林衍茂看到，于是就有了此次的寻根之旅。

林衍茂现为美国马里兰大学的数学教授，林启曾孙女林衍庆也在休斯敦的一家大学任教，林家可谓书香之家。他们在祭拜了先祖之后，参观了浙江大学、杭州高级中学、浙江理工大学等地。一路看来，林氏后人十分激动，他们深情地对记者说，因为他们的曾祖父林启葬在杭州，他们也有“根”在杭州了！他们林氏家族的第二故乡也就是杭州了。

二、杭州西湖蚕学馆

林启在杭州任职期间，正值清政府在甲午战争中失败，朝野要求变法兴学的呼声很高。林启以知府身份多方努力，在杭州兴办了三所学校：一是求是书院，即现在浙江大学之始基；二是养正书塾，是现在杭州高级中学之前身；三是蚕学馆，即现在的浙江理工大学之前身。三所学校中以蚕学馆办得最早，并由林启亲兼馆总办，以新法进行教育培养，学生毕业后应聘各地，对浙江近现代蚕业科学以及丝绸实业的兴起和发展产生了重大影响。

人们传说，林启在衢州为官时，官府里种的不是桃柳异花，摆置的更不是碧池假山。他在府署的前院种上了桑，后院种上了棉。有人劝他，你一个堂堂知府，怎么可以做这样的事情呢？林启可没有这些想法，他不但自己种桑植麻，还让夫人带着儿媳妇们一起养蚕，果然不久之后，衢州四乡就养蚕成风了。

林启到杭州做官的时候，杭州市场上充斥着日本的丝，而浙江丝的产销量一落千丈。当时的民间贸易，每年仅蚕丝方面就锐减白银580万两，而国家的关税则减少20万两。正是在这样的局面下，林启意识到发展蚕桑业的重要性。为此，当时已经58岁的林启开始学习日语，以便了解日本蚕桑业的发展情况。他还自己掏钱买了一架国外的显微镜，领着他的儿子一起选种、做试验，并最终办起了蚕学馆。蚕学馆请来了日本教师，又让学生边实验边走向乡间、走出国门，把教育和振兴中国实业相结合。

一百多年前，中国正处在最黑暗、最保守的年代，杭州来了这样一位改革开放式的父母官，是杭州人民的幸运和骄傲。

林启调任杭州时，由于蚕农一律用土种养蚕，用土法缫丝，蚕丝业已渐呈衰退之象，而日本仿效法国、意大利，蚕丝业后来居上，发展十分迅速，中国生丝出口市场逐渐衰落。1897年4月，林启为筹钱办蚕学馆呈禀浙江巡抚廖寿丰："中国出洋土货，以蚕丝为最，蚕丝以江浙为最，浙江又以杭嘉湖为最。就时局而言，为中国之权利；就王政而言，为百姓之生计；就新法而言，为本源中之本源；就浙省而言，为切要中之切要。"并详列中日两国近年来的蚕丝增减数，言日本蚕业进步迅速，为其采用外国养蚕成法。又言，振兴实业应以蚕丝业为重，必须培养人才，学习推广养蚕缫丝新法，才能与日本在丝业市场进行竞争。其爱国之心、图强之愿，跃然纸上。同年7月获准，8月林启就委托邵章在杭州西湖金沙港原关帝庙和怡贤亲王祠（今曲院风荷公园内）筹建校舍。次年2月底校舍落成，占地30多亩，3月11日正式开学。蚕学馆由林启兼任总办，聘浙绅恭煦为总董，邵章为馆正，江生金为总教习，日本蚕学家轰本长为副教习。我国第一所蚕丝学校就这样在林启的努力下诞生了。

蚕学馆后来改名为浙江中等蚕业学堂，辛亥革命后又改名为浙江公立中等蚕桑学校，1913年再次改名为浙江省立甲种蚕桑学校。1914年春，蚕校在西湖诂经精舍开设女子缫丝传习所，专门招收女学生学习缫丝技术。1934年，蚕校改名为浙江省立高级蚕丝科职业学校。1936年8月，学校搬入古荡新建的校舍，10月，改校名为浙江省立杭州蚕丝职业学校。直至1949年杭州解放，学校毕业生达1400多名。蚕校毕业生遍布全省各蚕种场、养蚕场及缫丝厂，指导蚕农以新法育种、新法养蚕，改进缫丝技术，在浙江省蚕丝改良和发展机械缫丝方面起到了重要作用。

创建于1898年的蚕学馆是浙江近现代教育史上早期高等学府之一，同时也证明了我国最早的蚕桑专业教育是从杭州起步的，这是杭州的骄傲。

西湖蚕学馆的创建，不仅开创了浙江近现代蚕桑专业教育的先河，而且对江苏省的蚕桑事业产生了积极的影响，特别是对20世纪初叶的中国浒墅关蚕区，浒墅关女子蚕业学校的发展，起了至关重要的作用。当年浒墅关女子蚕业学校的第一任校长章孔昭、第三任校长郑辟疆、主任教员邵申培、专业教员等皆是杭州蚕学馆的优秀毕业生，他们为日后中国浒墅关蚕区谱写了辉煌的篇章。

杭州·孤山

第三节　苏州蚕桑专科学校

一、江苏省立女子蚕业学校

江苏省立女子蚕业学校前身是上海私立女子蚕业学堂，创建于1903年，校址在上海西门外高昌庙桂墅里，校长为史量才。

1911年，经江苏巡抚衙门批准，上海私立女子蚕业学堂改为公立，1912年改名为江苏省立女子蚕业学校，勘址于苏州浒墅关。“宣统元年，江苏咨议局决议在苏州开办省立女子蚕业学堂……勘定浒墅关镇南二都六图（现兴贤村）官荒地六十二亩五为校址”，“后继拨八都廿图（现保卫村）98亩和剩余官地48亩为桑场之用”。新校舍于1912年9月落成，是年秋，开始招生。第一任校长为章孔昭，当时共有教员6人，专业教员皆杭州蚕学馆毕业生。1917年秋，侯鸣鉴（侯葆三）接任第二任校长。1918年1月，郑辟疆继任为第三任校长。

1912年12月，教育部发33号令，规定农专学校学制均为三年。女蚕校为中等女子蚕业学校，初仅设养蚕科，修业期四年，一年预科，三年本科。1918年，兼设甲乙种传习科各一班，甲种传习期一年半，乙种传习期半年。迨全国学制变更，中学施行三三制后，女蚕校于1924年改设高级养蚕科及中级养蚕科，高级养蚕科修业期三年，中级（初中级）两年。1930年增设高级制丝科，第一届是二年制，第二届起为三年制；同时，中级养蚕科改为中级蚕丝科，仍为二年制。各科每年招生一班，每班三十人。

女蚕校的组织架构，起初比普通中学多一场务部，办理养蚕、栽桑、制丝实习方面有关事项。1923年增设推广部，主司蚕丝业改

江苏省立女子蚕业学校大门

进工作，亦司学生实习推广之事务。1930年增设制丝实习厂，于是比普通中学多了蚕场、丝厂、推广三个部门。

女蚕校的宗旨为培养蚕丝业技术人才，并在学生实习时生产优良蚕种。但至1918年第三届学生行将毕业时，前两届毕业生尚未踏入蚕丝业战线，其时黄炎培、史量才二先生曾寄语校长郑辟疆："希望女蚕校毕业生能为蚕丝界服务。"当时农村育蚕，无不采用土种，收成每无把握。

1918年，郑辟疆主持校务后，学校办学方针为：（一）启发学生的事业思想目标；（二）树立技术革新的风尚与作风；（三）以自力更生和节约的原则，充实实验设备及实习基地，提高教学质量；（四）向蚕丝业改进的目标迈进。校训为：诚、谨、勤、朴。

为激励学生，郑辟疆请费迈枢为女蚕校作校歌歌词，请季镜西谱曲。嘹亮的歌声响彻浒墅关上空：

宁沪苏常，淮海徐扬，膏腴壤地利辟蚕桑。
女红无害，农事无伤，实业教育此提倡。
阳山之阳，我校恢张，济济兮乐育一堂。
英才蔚起，成绩昭彰，振振兮名播四方。

经纶天下，衣被苍生，古文明功业创西陵。
意法日本，继起竞争，挽回利权谁之任？
勤则能进，诚则能成，勉兮哉校训服膺。
愈研而精，愈振而兴，盛矣哉日上蒸蒸。

1916—1920年，郑辟疆先后编写了《蚕体解剖教科书》《桑树栽培教科书》《蚕体生理》《养蚕法教科书》《蚕体病理》《蚕种制造》《蚕丝概论》《制丝教科书》等专业教材，由商务印书馆出版，供学校施教。

女蚕校从初办至此，已经形成了从栽桑饲蚕到改制蚕种及产茧缫丝的系列生产实业教育模式；课本教育、理论实践、提高改良、推广普及的科普教育也较完美地结合于蚕业学校的兴办之中。

郑辟疆自担任校长后，即认定："要改进我国的养蚕业，首先要从改良蚕种入手。"因此，1921年女蚕校增设原种部与试验部，以适应蚕种改良需要。同时，学校内制定了《女蚕校同学经营蚕种业须知》。

女蚕校在改良发展新一代蚕种方面非常慎重，如《女蚕校同学经营蚕种业须知》中就明确了："在初成立而未得社会信仰时，得委托学校介绍出售；委托售种者，须用本校原种，经营中得由本校派员随时视察检查，并可代贮蚕种，代为镜检，合格者给予证印。"

1926年春，女蚕校毕业生及镇江职校所办的12个蚕种场共产出蚕种54000多张，投放市场后很快销售一空，其中最受蚕农青睐的是杂交新品种。

在增设试验部改良品种的同时，女蚕校又设推广部，深入各家蚕户对养蚕治桑进行技术指导，并形成多处固定基地。女蚕校人员携带蚕桑、丝茧、蚕种、蚕室、蚕具、丝车等实物、模型、标本、图表和浅说用具，深入吴江双阳、开弦弓、八都、严墓、吴溇、庙港等地示范、推广、指导。这一系

女蚕校试验部

列推广活动包括以下几方面：（一）消毒防病。宣传、指导与检查消毒工作，使流行性蚕病减少到最低。（二）组织蚕种催青、稚蚕共育，为蚕茧丰收奠定了良好的基础。（三）到养蚕户、组巡回指导。（四）指导售茧，提倡鲜茧共售，合理估价，使蚕农获得合理茧价。（五）指导蚕种储备、蚕本贷款。女蚕校推广部采取向丝商贷款给蚕种场预付定种款的办法，排挤投机商贩，保护蚕农利益；采取介绍蚕农向银行（汇丰银行、中国农民银行）低利贷款、售茧偿还的措施，帮助蚕农筹资养蚕、栽桑。（六）举办女蚕农（工）读书班、技训班等，帮助女蚕农（工）提高文化水平和规范养蚕操作。读书班编写了四种教本：《识字课本》一册、《养蚕大要》二册、《上蔟须知》一册、《消毒法》一册。教本内容为通常应用之文字及普通常识，栽桑、催青、饲育上蔟的注意事项，乡间养蚕实用的各种消毒法。

在改良蚕种的同时改良土丝。1925年，女蚕校推广部在震泽开弦弓村改装土丝车，到1928年，改良的丝车达92部，参加这一改良活动的蚕农有89户之多，年产丝27360两。在这个基础上，女蚕校还帮助开弦弓村成立了“开弦弓生丝精制运销合作社”。自此，生丝质量得到大幅度提高，受到丝织绸庄的欢迎，也使女蚕校树立了信誉。女蚕校于1930年成立制丝科、实验丝厂。

1935年，女蚕校因事业范围逐渐扩大，在制丝上深感缺乏领导人才。学校欲求事业加速前进，认为不能没有高等制丝教育，于是向政府申请利用女蚕校制丝设备，开办制丝专科学校。后得到社会支持，并由全国经济委员会蚕丝改良委员会补助建筑费7000元，历经重重困难，始得教育部批准，兼办制丝专修科，经费由女蚕校预算内添列专科教育费一项，此为我国高等制丝教育之起点。1937年，女蚕校添设养蚕专科，改称浒墅关蚕丝专科学校。

抗战时期，女蚕校为振兴蚕桑事业、保护已取得的成就不受日本军国主义破坏，决议内迁。女蚕校迁往大后方四川乐山，费达生担任新生活运动妇女指导委员会委员，同时任乐山蚕丝实验区主任，并在乐山等七县设蚕业指导所。彼时，乐山、青神、夹江三县设大小桑苗圃七所；嘉阳和苏稽设蚕种制造场两所；峨眉设蚕种冷藏库一座。川南蚕业自建立实验区后，乐山农村开始大量饲养改良蚕种，还增育秋蚕，推行了集体售茧，开辟了川南蚕业崭新的领域。水乡江南的蚕丝业与四川南部的蚕桑制丝事业，相得益彰，互为促进，共同提高。

抗日战争胜利后，1946年，在四川的中专部分移交南充农校继续教学，直至毕业。随后，两校迁回浒墅关原址复校，设备合用，经费独立。1949年4月，苏州解放。学校以培养科技人才为专一任务，取消了原设置的推广部。1950年3月，原江苏省高级蚕丝专科职业学校和江苏省立蚕丝专科学校合并为华东区公立蚕丝专科学校；1951年改称苏南蚕丝专科学校，设专科与技术科两部，技术科又分制丝、养蚕两科，男女兼收，学制三年。1952—1953年，苏州农校、宜兴农校的蚕桑科并入浒墅关蚕丝专科学校中专部养蚕科，继而又有镇江蚕桑学校也并入（在并入之前，淮阴农校蚕桑科、丹阳县正则女子职业学校蚕桑科、吴县木渎农校养蚕科先并入镇江女子职业学校，并入后改名镇江蚕桑学校）。1953年秋，全国高等院校进行院系调整，浒墅关蚕丝专科学校专科部分的养蚕专业、制丝专业先后调整并入浙江农学院蚕桑系。学校更名为江苏省浒墅关蚕丝学校，只办中专，设蚕桑、制丝两科；1954年增设丝织科。据郑辟疆回忆，女蚕校当年教师名单如下。

（一）杭州蚕学馆及浙江蚕业学校出身者：章孔昭（第一任校长）、郑辟疆（第三任校长）、杜翊云、郑普一、史杏瞻、李振立、邵申培、章步青、朱铭新等；（二）女蚕校出身者：赵瑞云、胡咏絮、韦均一、王裕艺、李权、程渝、杨志超等；（三）女蚕校毕业后留学日本归国者：张娴、费达生、郑蓉镜、童培真、周翊、徐玉文、孙楫等；（四）山东农业专门学校出身者：姜伯明、孙君有等；（五）留学日本高等农校及蚕丝专门学校归国者：王干治、王福山、胡元恺、俞赞陶、张复升、陆辉俭等；（六）江苏蚕专出身者：赵庆长、李士良、顾国桢等。

二、江苏省浒墅关蚕丝学校

1953年秋，全国高等院校进行院系调整后，郑辟疆为江苏省浒墅关蚕丝学校校长，管守孟、孙奇真为副校长。

1954年，学校学制为三年，招收第一班学生20名；同年秋，教育部分配朝鲜留学生7人到校学习。当时中国最先进的蚕桑知识通过蚕丝学校的教授，传播到朝鲜。

1956年下半年起，又开始分校。在领导体制上，江苏省浒墅关蚕丝学校归江苏省农林厅领导，江苏省丝绸工业学校归江苏省纺织工业厅领导。两校为中专性质，学制各为三年。郑辟疆兼任两校校长。

1956年11月，学校受农业部委托举办第一期全国桑蚕蓖麻干部训练班，学员300人，来自广东、广西、辽宁、山东等地。太湖地区的蚕桑技术又一次传播到全国各地。

三、苏州蚕桑专科学校

1958年8月，江苏省浒墅关蚕丝学校恢复大专，保留中专，更名为"苏州蚕桑专科学校"，并于秋季招收大专2个班共60人。

1962年6月，因国家困难，江苏省农林厅决定撤销学校的中专部分，集中力量办好大专。当时，中专在校学生有三年级3个班共130人，二年级3个班共153人，除有部分学生参军外，其余全部回家，毕业班也未分配工作。1962年8月，农垦部王震部长来校视察，并邀请学校蚕桑专家去新疆维吾尔自治区考察蚕桑生产。1963年，新疆军区生产建设兵团需要大批蚕桑科技人才，学校通知1962年回家的中专生，毕业和未毕业的凡愿去新疆者，即来校报到，支援新疆蚕桑事业的发展。学校于1963年6月，派陆辉俭、章步青两位专家赴新疆，进行了为期两个月的考察，对该区发展蚕桑生产提出建设性意见。

1964年，学校党政关系隶属苏州市委；1965年，为贯彻党的"教育为无产阶级政治服务，教育与生产劳动相结合"的教育方针，学校蚕桑

苏州蚕桑专科学校第一届制丝专科毕业生

专业成为省属高校“半农半读试点单位”。教学计划规定，3年内劳动时间为15个月，教学时间为18个月，休息时间为3个月。

1977年，全国改革高等学校招生办法，苏州蚕桑专科学校也迈向了一个崭新的发展时期。

苏州蚕桑专科学校在蚕桑专业教学设置方面，从1978年起增设了家蚕育种班。1979年，受农林部委托连续4年举办全国蚕桑良种繁育技术训练班。1981年，为山西、河南两省每年代培蚕桑、育种专业各30名学员。1983年秋，省教育厅委托举办蚕桑师资培训班，学制一年，每年招生30名，到1987年停止招生。学校自1972年起编辑出版《蚕桑科技资料》（年刊），作为与兄弟院校交流的内部刊物。1987年起该刊改名《教学与研究》。中华人民共和国成立以前，全校共培养蚕桑大专毕业生176名；中华人民共和国成立后至1987年，全校共培养蚕桑大专毕业生1879名。中华人民共和国成立之前，全校共培养中专毕业生1458名；中华人民共和国成立之后至1962年撤销中专部分为止，共培养中专毕业生1646名，前后合计共培养中专毕业生3104名。学校虽几易校名，但外界对学校的中专部分仍习惯称“女蚕校”。

20世纪80年代前后，学校中原有的专家、教授年事已高，亟需培养一批中青年接班人。自1980年起，学校先后选送中青年教师7人去日本进修；1981年以后，共派148人次到国内重点高校进修，使他们的业务水平适应新时期人才培养的需求。到20世纪80年代末，学校已形成高级职称8名、中级职称41名、初级职称15名的师资队伍。

1984年，江苏省农林厅组织蚕桑学校专家组赴日本考察，女蚕校郑声镛副教授参加考察团赴日。郑声镛在日本期间，详细考察了日本在蚕丝教育、科研、生产、收烘、缫丝、织绸、印染、服装、贸易等方面的现状并参与了有关交流。1987年，学校堵鹤鸣副教授等人的《桑疫病菌生物学特性研究》被列入第十五届国际蚕业大会论文，并在大会上被宣读。

自1980年至1988年，先后有日本同业专家向山文雄、渡部仁、川濑茂、山下兴业博士、本间慎教授、东京都工艺纤维学部栗栖戈彦教授及夫人，加拿大皇后大学教授杰尔沃特及夫人等来到浒墅关参观苏州蚕桑专科学校，并进行学术交流。

1995年3月6日，经国家教委批复和江苏省人民政府批准，苏州蚕桑专科学校并入苏州大学，组建苏州大学生物技术学院。同年11月24日，学院召开全体教职员工大会，宣布朱炳元同志任学院党委书记，顾仁教同志任院长。

该院有在校学生1200余人，教职工350余人，其中专任教师160多人，包括教授、副教授40余名；设有27个各类实验室，图书馆藏书20多万册，各类期刊600多种。学院在长期的办学实践中，不断探索，已积累了较为丰富的办学经验并形成了一定的特色。一些教师主编或参编了全国农业院校部分基础课本、专业课本、专科教材、专业大辞典等。该院有较强的研究基础，设有蚕桑科学研究所、生物技术研究与开发中心等科研机构。近年来，学院共承担省、市科研项目100多项，其中大部分成果已通过鉴定，有的还荣获国家、省、市级嘉奖。为提高教师的业务水平，学院每年派出部分青年教师赴国内外进修或攻读学位，同时邀请国内外一些著名专家学者来院讲学或进行合作研究。

百年蚕校享誉中外，该校已为国家培养各类专业人才近万名，

苏州蚕桑专科学校蚕室

苏州蚕桑专科学校教师办公楼

为国家的发展做出了贡献。2017年早春，料峭的春风扑面而来，我徜徉在苏州蚕桑专科学校旧址。这里是我童年时代流连忘返的美丽校园，这里曾经花木扶疏，绿树掩映，芳草如茵，楚楚有致……而如今，这一切正在我的记忆中逐渐消失，正所谓：沧桑巨变，逝者如斯夫……

表1　1916年女蚕校教职员工薪俸表

姓　名	时任职务	所任学科及钟点数	薪俸表（元）
章孔昭	校　长	修身4	100
吴任昭	舍　监	实习3	40
冯世英	副舍监	实习2	34
沈亚杰	副舍监		30
赵　琛	庶　务	代数5、珠算1	50
顾　耿	庶务助理	地理2、历史2、习字3	40
张祖荫	会　计	博物6	40
李西畴	书记兼会计助理		28
谈凌民	校　医		30
杜以芬		制丝法2、肥料学2、蚕体病理3、制丝实习6	80
石如璧		制丝法2、养蚕法2、肥料学2、蚕业经济2、实习2	70
郑普一		显微镜学2、养蚕法3、蚕体解剖2、实习3	70
钱　祜		桑场管理栽桑法2、制丝实习6、蚕生理2、蚕体解剖实习2	40
孙光文		国文10	50
陆天庐		国文5、日文4	54
费　镜		国文9、日文3	54
王石士		几何4、代数4、算数5	44
黄　洪		化学6、物理6、博物3	44
王本伟		国画9、体操8	50
蔡　伟	书记		24
吴哲文	书记		24

表2　1927—1928年女蚕校新任教职员一览表

姓　名	所任课程或职务	毕业院校
费璞安	训育主任、公民学教员	
郁嶲由	党义教员	
汪滋仁	化学教员	曾于协和大学学习，后毕业于东吴大学

续表

姓　名	所任课程或职务	毕业院校
王宝琳	蚕学教员	江苏省立女子蚕业学校毕业，曾任职于日本上田蚕业试验场、国立蚕业试验场及上田蚕丝专门学校
蒋师韫	检种实习教员	
蒋化时	桑场主任、土壤栽桑学教员	
张子欣	校医	江苏省医学专科学校
诸公巽	书记员	
韦均振	舍务员	江苏省立女子蚕业学校
潘保慧	舍务员	江苏省立女子蚕业学校
徐蕴兰	舍务员	

表3　1929—1934年女蚕校教职员变动情况一览表

年份	离任或病休教师		新任或调任教师	
	姓　名	所任职务及学科	姓　名	所任职务及学科
1929	王宝琳	原种部技术员兼蚕学教员	郑蓉镜	舍务员
	赵璧英	蚕学教员	章以兰	蚕学教员
	费枢迈	党义教员	俞筠蠲	蚕学教员
			庄容裳	党义教员
1930	陆奇声	国文教员	蒋粹英	国文教员兼训育员
	俞筠蠲	农学教员兼训育局事务员	范菊侬	舍务员
	徐蕴兰	舍务员	放兰贞	技术员
	王　滔	推广部事务员	邵伯森	养蚕学习教员
			邵申培	兼任教务主任
			费达生	推广部主任
1931	周润生		张涉洲	
	周悠远	书记员	裴孟雄	书记员
	沈听潮	制丝工场事务员	张复升	制丝工场技术员
			徐玉文	制丝工场技术员
			严安言	制丝工场技术员
			张卓人	制丝工场技术员

续表

年份	离任或病休教师		新任或调任教师	
	姓　名	所任职务及学科	姓　名	所任职务及学科
1932			王干治	蚕科教员
			俞懋襄	蚕科教员
1933			高庚甫	党义法制教员
			谭其觉	国文教员兼训导
			张绍武	丝科教员
			周　瑛	蚕科事务员
			李孟阳	会　计
1934	蔡　钺	国文教员	奚剑龙	国文教员
	马范驱	庶务员	单岳生	庶务员
	沈英权	宿舍事务员	邵英勘	宿舍事务员
	周　瑛	宿舍事务员	彭鉴冰	书　记
	杨志超	丝科技术员	沈雪芬	丝科技术员

表4　1935年女蚕校教职员任职一览表

姓　名	所任职务及学科	姓　名	所任职务及学科
郑辟疆	校　长	俞懋襄	教导处主任
王干治	养蚕科原种实验股主任	蒋粹英	教导处副主任
程　瑜	养蚕推广部主任	章步青	普通股主任
张绍武	制丝科丝厂实习主任	张复升	制丝科丝厂主任
谭其觉	初蚕一国文	费达生	制丝科推广部主任
王鸿冈	初蚕一动物学	单岳生	初一珠算加法
徐玉文	初蚕三煮茧缫丝学	蒋粹英	初蚕三公民
张　樾	高蚕二国文	郑蓉镜	高蚕一日文
汪家麟	高蚕二化学	朱建锵	高蚕二三角
白健济	高蚕二日文	高懋勋	高蚕二公民
周玉梅	高蚕二蚕业指导	章步青	高蚕二养蚕学
徐秀蓉	高蚕三蚕体病理	钱小云	高蚕三国文
张绍武	专修科蚕业泛论	张复升	专修科缫丝学

表5 抗战时期浒墅关蚕丝专科学校与女蚕校任职教职员工一览表

姓名	职务	学历	经历	到职年月	备注
郑辟疆	校长	前杭州蚕学馆毕业	曾任山东农业专门学校教员兼蚕科主任、江苏省立蚕业试验场场长等职	1918.1	兼任女子蚕业学校校长
汤锡祥	教授	日本东京高等蚕丝学校养蚕学科毕业	曾任江苏省立蚕丝试验场场长、原种制造所所长、全经会蚕改委会专门委员等职	1939.8	原任沪分校教务主任，暂时行代理校长职务
王干治	副教授兼教务主任	日本东京高等蚕丝学校养蚕学科毕业	原任江苏省立女子蚕业学校蚕学教员	1932.4	
陆辉俭	副教授兼场务主任	日本东京高等蚕丝学校养蚕学科毕业	曾任江苏省立原种制造所技士	1937.8	
董达四	训导主任兼上校军训教官			1935.8	
单岳生	教员兼会计主任	前江南高等商业学堂毕业		1931.8	兼任教员
徐　震	国文兼任教授		任国立武汉大学国学教授	1941.8	
陈允成	日文兼任教授		任国立武汉大学日文教授	1942.8	
钟兆璿	经济学兼任教授		任国立武汉大学经济学教授	1943.8	
费达生	制丝兼任教员	江苏省立女子蚕业学校养蚕科、东京高等蚕丝学校制丝科毕业	曾兼任江苏省立蚕丝专科学校讲师，任新运会妇指会乐山蚕丝实验区主任	1922.8	教员
胡元恺	讲师	日本京都高等蚕丝学校蚕科毕业	原任女蚕校蚕学教员	1939.8	

续表

姓名	职务	学历	经历	到职年月	备注
公立华	生物学兼任讲师	国立武汉大学毕业	任国立武汉大学助教	1941.8	
徐熙生	化学兼任讲师	国立北京大学毕业	任国立武汉大学讲师	1943.8	
何□生	英文兼任讲师	之江大学文学学士	任国立中央技专英文讲师	1943.8	
陆　钟	物理兼任讲师	国立中央大学毕业	任国立中央技专物理讲师	1942.1	
张延卿	国文兼任讲师	国立中央大学毕业	任国立中央技专国文讲师	1942.8	
王天予	制丝兼任讲师	江苏省立蚕丝学校养蚕科毕业	历任女蚕校、丝专校教员，任乐山实验区种口外销生丝督委会副主任	1943.8	
赵鹤生	国文兼任教员	私立大厦大学毕业	任私立常州中学教员	1943.8	教员
钟家裕	数理化教员	国立中央大学毕业	任国立中央技专讲师	1943.8	教员
王宝琳	蚕学教授	日本九州高等大学研究员	曾任女蚕校教员	1943.8	教员
郑桂媛	助教	江苏省立蚕丝专科学校养蚕科毕业	中国蚕桑研究所技术员	1943.8	
官应贤	助教	江苏省立蚕丝专科学校养蚕科毕业	乐山蚕丝实验区技师	1943.8	
孙静华	生活指导员	江苏省立女子蚕业学校毕业	曾任女蚕校原种技术员	1939.8	
刘□鹤	事务员			1943.8	
陆斌游	书记			1942.3	
党蜀南	书记				

表6 1948年10月女蚕校教职员一览表

姓名	学历	职务	任教学科	到校任职时间
郑辟疆	前杭州蚕学馆毕业	校长		1918.1
蒋粹英	北平高等女子师范文科毕业	教员兼训育主任	国文、家事	1930.2
钱小云	国立中央大学文学学士	教员兼训育主任	公民	1933.8
李士良	江苏省立蚕丝专科学校养蚕科毕业	教员兼蚕种场主任	蚕学	1935.11
朱建锵	国立交通大学土木科、南京陆地测量学校大地测量科毕业	教员	数学	1918.7
范良玉	金陵大学农学院艺系毕业	教员	农业土壤肥料	1947.8
顾国桢	江苏省立蚕丝专科学校养蚕科毕业	教员	蚕学	1946.2
童培真	本校本科毕业，日本上田蚕丝专门学校病理部研究员	教员	蚕学	1946.8
汪永堃	圣约翰大学肄业	教员	英文	1948.2
钱象复	前国立东南大学教育系毕业	教员	国文	1948.8
孙晓霞	上海市立东南女子体育专科学校	教员	体育	1948.2
周玉英	本校高级养蚕科毕业	教员	蚕桑推广	1946.2
杨志超	本校高级养蚕科毕业制丝科研究	教员	制丝实习	1947.8
汪家麟	东吴大学理学士北平协和医院预科	教员	理化	1927.8
席德衡	江苏省立蚕丝专科学校毕业	教员	制丝学	1948.8
董金菊	浙江省立高级商科职业会计科毕业	会计主任		1948.8
单岳生	前江南高等商业学堂毕业	会计员兼教员	珠算	1931.8
洪震寰	无锡荣巷工商中学毕业	出纳员		1946.9
曹焕麟	私立无锡中学毕业	出纳员		1946.1

续表

姓名	学历	职务	任教学科	到校任职时间
纽如兰	私立常州乡村师范本科毕业	教务员		1946.7
冯肖良	江苏省立高级工业职业学校毕业	理化室管理员兼两校理化物理实验员		1948.8
储　进	江南美术专科学校毕业	舍务员		1946.8
陆钟麒	苏州平江中学毕业	书　记		1948.8
俞懋襄	日本鹿儿岛高级农林学校养蚕科毕业	教员兼教务主任		1932.4
费达生	江苏省立女子蚕业学校、日本东京高等蚕丝学校制丝科毕业	教　员	制丝学	1922.8
费玄韫	前清附贡生	教　员	国　文	1946.8
俞起亚	东吴大学文学院、中央法政学校预科毕业	教　员	英　文	1947.8
陆定志	浙江大学生物系毕业	教　员	生　物	1946.8
赵庆长	江苏省立蚕丝专科学校制丝科毕业	教　员	制丝学	1946.8
李锡畴	江苏省立苏农蚕本科、蚕丝专科学校制丝科毕业	教　员	制丝学	1947.2
姜白名	山东农业专科学校蚕丝科毕业	教　员	蚕　学	1918.7
王　钧	松江师范毕业	教　员	珠　算	1946.8
孙　楫	本校高级制丝科毕业、日本东京高等蚕丝学校研究员	教　员	制丝学	1947.8
殷秋松	日本上田蚕丝专门学校毕业	教　员	蚕　学	1945.10
徐慕雨	上海立信会计专科学校毕业	教　员	珠　算	1948.8
黄金荪	国立武汉大学机械系毕业	教　员	机械学	1948.8

表7　1906—1949年女蚕校历届毕业生人数统计表

级　别	科　别	届　数	人　数	毕业年份
中级	蚕丝科	第一届	14	1926
	蚕丝科	第二届	22	1927
	蚕丝科	第三届	33	1928
	蚕丝科	第四届	21	1929
	蚕丝科	第五届	18	1930
	蚕丝科	第六届	32	1931
	蚕丝科	第七届	31	1932
	蚕丝科	第八届	37	1933
初级	养蚕科	第九届	26	1935
	养蚕科	第十届	23	1936
	蚕　科	第十一届	15	1946
	蚕　科	第十二届	9	1947
	蚕　科	第十三届	28	1948
	蚕　科	伪蚕校甄审	71	1944
江苏省立蚕丝专科学校毕业生	制丝科	第一届	25	1938
	制丝科	第二届沪分校	19	1942
	养蚕科	第一届沪分校	18	1942
	养蚕科	第一届川本校	20	1942
	养蚕科	第二届	8	1944
	养蚕科	第三届	14	1945
	养蚕科	第四届	16	1946
	养蚕科	第五届	21，未复学29人	1947
	养蚕科	第六届	17	1948
	高级制丝培训班		16	1941
高级	蚕丝科	第一届	19	1927
	蚕丝科	第二届	18	1928
	蚕丝科	第三届	19	1929
	蚕丝科	第四届	27	1930
	蚕丝科	第五届	28	1931
	蚕丝科	第六届	27	1932
	蚕丝科	第七届	33	1933

续表

级 别	科 别	届 数	人 数	毕业年份
高级	蚕丝科	第八届	27	1934
	蚕丝科	第九届	23	1935
	蚕丝科春季班	第一届	10	1935
	蚕 科	第十届	30	1936
	蚕 科	第十一届	22	1937
	蚕 科	第十二届	22	1939
	蚕 科	第十三届	7	1940
	蚕 科	第十四届	10	1941
	蚕 科	第十五届	26	1942
	蚕 科	第十六届	12	1945
	蚕 科	第十七届	11	1946
	蚕 科	第十八届	12	1947
	蚕 科	第十九届	27	1948
	蚕本科	第一届	28	1916
	蚕本科	第二届	27	1917
	蚕本科	第三届	31	1918
	蚕本科	第四届	36	1919
	蚕本科	第五届	33	1920
	蚕本科	第六届	24	1921
	蚕本科	第七届	33	1922
	蚕本科	第八届	30	1923
	蚕本科	第九届	23	1924
	蚕本科	第十届	20	1925
	丝 科	第一届	27	1932
	丝 科	第二届	18	1934
	丝 科	第三届	16	1935
	丝 科	第四届	24	1937
初级	传习科		23	1918
	传习科	第一届	11	1918
	传习科乙部	第二届	6	1919
	传习科乙部	第三届	20	1920
	传习科乙部	第四届	13	1921

续表

级　别	科　别	届　数	人　数	毕业年份
初级	传习科乙部	第五届	11	1922
	传习科甲部	第一届	20	1919
	传习科甲部	第二届	16	1920
	传习科甲部	第三届	24	1921
	传习科甲部	第四届	19	1922
	传习科甲部	第五届	20	1923
	养蚕实习科		23	1924
	制丝传习科		21	1925
	蚕丝职业科		17	1925

表8　中华人民共和国成立后女蚕校历届毕业生人数统计表

专业 年份	中　专		大　专							合计
	蚕桑	制丝	蚕桑	制丝	家蚕育种	茶叶	生物师资	淡水养殖	应用生物	
1950	27	25	23	17						92
1951	22	18								40
1952	62	27	16	22						127
1953	137	33	19	13						202
1954	147	32								179
1955	56	46								102
1956	62	28								90
1957	37									37
1958	75									75
1959	269									269
1961	234		62							296
1962	144		105							249
1963	165		139							304
1964			47							47
1965			37							37
1966			31							31
1967			29							29

续表

专业 年份	中专		大专							合计
	蚕桑	制丝	蚕桑	制丝	家蚕育种	茶叶	生物师资	淡水养殖	应用生物	
1968			59							59
1975			108							108
1976			79							79
1977			38							38
1978			39							39
1979			78							78
1980			90							90
1981			119		20	21				160
1982			83		41					124
1983			31		31					62
1984			56		35					91
1985			69		50		30			149
1986			114		37		62	31		244
1987			108		34		61	63		266
1988			77		36		57	62		232
1989			63		32		117	63		275
1990			49		30		66	65	65	275
1991			61		29		59	90	59	298
1992			60		31		60	59		210
1993			58		32		58	58	30	236
1994			非师范类203		师范类58	261				522
1995			61		49		123	82	24	339

表9　学校沿革表

起止时间	学校名称		备　注
	大　专	中　专	
1903—1911		上海私立女子蚕业学堂	位于上海西门外高昌庙桂墅里
1911		江苏省立女子蚕业学堂	清末转归公立，地址为吴县浒墅关
1912—1927.10		江苏省立女子蚕业学校	
1927.10—1928.3		第四中山大学苏州女子蚕业学校	全国实行大学区制
1928.3—1928.4		江苏大学女子蚕业学校	
1928.4—1929.9		中央大学区立女子蚕业学校	
1929.9—1946.10		江苏省立女子蚕业学校	大学区制结束，原校名恢复
1946.10—1950.3		江苏省立女子蚕丝科职业学校	
1950.3—1951.2	公立蚕丝专科学校		与江苏省立蚕丝专科学校合并
1951.2—1953.11	苏南蚕丝专科学校		
1953.11—1956.7		江苏省浒墅关蚕丝学校	院系调整后，降格为中专，专科并入浙江农学院蚕桑系
1956.7—1958.8		江苏省浒墅关蚕桑学校	制丝与丝织专业从学校分出
1958.8—1995.3	苏州蚕桑专科学校		恢复大专招生，保留中专，中专部于1962年6月撤销
1995.3	苏州大学生物技术学院		苏州蚕桑专科学校并入苏州大学

第四节　浒墅关蚕区

如果没有优良的蚕种，要谈蚕丝改革，只是一句空话。

——邵申培

苏州是全国有名的"丝绸之府"，它同古镇浒墅关的蚕桑业一样，都已有两千多年历史。"桑为蚕之母乳"。早在春秋战国时期，浒墅关普遍栽种的是北方的鲁桑。鲁桑是早期普遍栽种的桑树之一。史料记载，20世纪初，浒墅关地区主要栽种湖桑、山桑、白桑多品种的嫁接品。湖桑是鲁桑的改良品种，具有枝条长、皮色灰、叶片大、色鲜亮和叶肉厚的优点。湖桑俗称很多，叫法不一，有火桑、红皮桑、密青桑、尖头白、黄皮桑等，不一而足。民国十九年（1930），古镇浒墅关的桑树栽种面积约占全市（县）8万多亩的七分之一多，仅从全镇分布的几十家蚕种场来计算，每家蚕种场都有百亩以上的桑园，如果再加上农村的桑圃，浒墅关确实是"人家勤耕作，湖桑接远村"的一片繁荣景象。

浒墅关大有蚕种场，创建于民国十三年（1924），是浒墅关蚕种业的中流砥柱。大有蚕种场的主要业务包括繁育原原母种、原原种、原种和一代杂交种，另设冷库负责蚕种冷藏酸浸业务；又设有科研组和蚕桑机械试验厂，进行蚕桑科研和蚕桑机械的试验与制造。

民国年间，除了大有蚕种场、女蚕校蚕种场外，浒墅关运河两侧上、下塘有数十家蚕种场，而且各有注册商标品牌，展现了浒墅关镇蚕种场的繁荣。浒墅关蚕种场有其共同点：一是紧傍运河，便于运输经营；二是扎堆集中，场多成市，便于互通信息；三是各自形成特色，互相竞争，不断改进，优化蚕种品质。民国年间，浒墅关蚕桑专业人才集中，蚕桑改革勃发生机，古镇蚕种场密度极高，在不足0.1平方公里的土地上，就有2爿蚕种场，每爿蚕种场有经理、技术主任、技术员、工人多人，蚕忙季节雇用大批农村临时工。当时浒墅关镇人口仅8000人左右，却集中了全国最优秀的蚕、桑、丝专业人才，其中大部分是西湖蚕学馆毕业生、女蚕校毕业生、归国留学生和全国其他专业院校的毕业生。在某种意义上讲，人才是决定一切的关键。

浒墅关蚕种市场竞争相当激烈，蚕种场多，蚕种品牌林林总总，构成了古镇一道有形无形的蚕桑风景线，其中大有蚕种场的“虎牌”蚕种为铁种超级品，三元蚕种场的“三元”牌、永新蚕种场的“飞虎”牌、国华蚕种场的“梅花”牌、天远蚕种场的“西瓜”牌等，都是当时市场上的甲级蚕种原种。

童蒙时代，我在浒墅关小学念书，住在三元蚕种场。三元蚕种场与永新蚕种场南北相对，中间隔一条河。永新蚕种场经理徐玉文个子不高，原是蚕校教师，曾留学日本，见人总是笑嘻嘻的。有一次，她抚摸着我的头发，亲切地说：“好好念书……”

光阴似箭，岁月悠悠。回忆起半个多世纪前，在浒墅关蚕区生活的日子，我不禁百感交集，感慨良多。最令人难忘的是蚕种场女工、女技术员忘我工作的献身精神，她们兢兢业业、默默无闻。有些女技术员终生不嫁，一心扑在事业上，怎能不令人动容？

表10 1921—1949年浒墅关蚕种场一览表

序号	场名	场址	创办年份	商标	负责人	性质	等级
1	林家蚕种场	浒墅关毛家弄	1921		林半农	独资	
2	壬戌馆蚕种场	浒墅关上塘南街	1922	场印三角	郑蓉镜	独资	甲
3	毛家蚕种场	浒墅关毛家弄	1923		毛振华	独资	
4	虎嘐蚕种场	浒墅关毛家弄	1925	牛牌	汪师铭	独资	甲
5	大有蚕种一场	浒墅关庄家桥	1926	虎牌	邵申培	有限公司	甲
6	于园蚕种场	浒墅关南津弄	1927	金鱼	于蕴荪	独资	丙
7	浒关蚕种场	浒墅关上塘南街	1928	寿星	马范驱	合资	甲
8	天丰蚕种场	浒墅关上塘四河口	1929	飞凤	吴梦英	合资	乙
9	三元蚕种场	浒墅关安乐桥	1930	三元	周元勋	独资	甲
10	保康蚕种场	浒墅关三义角	1930	天字	张步洲	独资	乙
11	大有蚕种总场	浒墅关下塘34号	1934	虎牌	邵申培	有限公司	超
12	天远蚕种场	浒墅关义桥头	1936	西瓜	邵克培	合资	甲
13	永新蚕种场	浒墅关下塘和祥桥	1936	飞虎	徐玉文	独资	甲
14	国华蚕种场	浒墅关安桥头	1937	梅花	金起鹏	独资	甲
15	二九馆蚕种场	浒墅关竹青桥	1937	兰花	吴越英	独资	丙
16	三和蚕种场	浒墅关三和里	1938	三和	邵志畊	合资	丙
17	启农蚕种场	浒墅关火车站	1939	双燕	邵鸿培	独资	丙
18	大美蚕种场	浒墅关南津弄	1939	虎豹	缪庆华	合资	丙
19	远东蚕种场	浒墅关上塘竹青桥	1940	皇后	宋槐青	合资	丙
20	天成蚕种场	浒墅关义桥头	1940	鹅牌	谢育英	合资	丙
21	利生蚕种场	浒墅关下塘	1946	喜鹊	张爱丽	独资	丙
22	生生蚕种场	浒墅关下塘	1946	三马	马范驱	独资	丙
23	浒关二院蚕种场	浒墅关四河口	1946	寿星	王裕艺	独资	乙

20世纪50年代初，三元蚕种场技术员与女工合影，第二排左四为朱文芬、左五为张绮容

吴县蚕种场技术员与工人合影，后排左三为朱文芬、左五为张绮容

辽宁省技术人员到三元蚕种场学习（1957.6.28）

三元蚕种场技术员朱文芬（早年毕业于浒墅关蚕业学校）

浒墅关三元蚕种场

浒墅关天远蚕种场

浒墅关永新蚕种场

第五节　一代蚕丝教育家郑辟疆

郑辟疆，别名紫卿，1880年11月21日出生于江苏省吴江县（今苏州市吴江区）盛泽镇。其父郑雍，儒生兼行医，家境清贫；母亲张仪贞，织绸能手，以卖绸收入贴补家用。郑辟疆幼年受母亲影响较深。

吴江县盛泽镇位于苏、浙交界处，素称“丝绸之乡”，当时几乎家家养蚕，户户织绸，又是丝绸的集散地，经济十分繁盛，有“风送万机声”“日出万匹，衣被天下”的美誉。到19世纪中叶，因帝国主义侵略、国内政治腐败、科学技术落后，我国蚕丝业在国际竞争中屡遭失败，盛泽镇也因此渐渐由盛变衰。

郑辟疆少年时即目睹了蚕丝业的日益萎缩。他16岁在家乡当塾师，18岁去杭州应科举考试落第。往返途中的所见所闻，让他对蚕丝业的盛衰变迁和国家、民族的危机，感慨颇深。从此，振兴我国蚕丝业的宏愿，开始在他的心里萌芽、滋长。19世纪末，受康梁维新变法影响，有识之士在各地兴办新式学堂。杭州知府林启于1897年在杭州西湖创办蚕学馆，改进栽桑、养蚕、缫丝技术。杭州西湖蚕学馆是我国近现代第一所培养蚕丝业科技人才的学校，郑辟疆于1900年考入该馆。他学习刻苦，立志以新的科学技术来振兴我国蚕丝业。

郑辟疆

1946年5月郑辟疆（前排左三）出席中国蚕丝公司第一次董监会议，后排左二为邵申培

1902年，郑辟疆毕业后，留馆工作，次年东渡日本，考察了爱知、群马、长野、静冈等主要蚕区，访问了当时的日本蚕学专家，了解到日本蚕丝业在明治维新后，应用先进科学技术，获得迅速发展。1900年，日本生丝年出口量达800万公斤，我国年出口量为500万公斤，日本成为我国蚕丝业的强力竞争对手。他深感必须奋起直追，改变我国蚕丝业的落后状态。

在赴日考察前后，郑辟疆与我国知识界进步人士黄炎培、史量才、王尧钦、费迈枢、费璞安等交往甚密，深受“实业救国”“职业教育”等思想影响。他认为：必须振兴实业，才能富国强民；蚕丝业在国民经济中占重要地位，是与列强竞争的核心产业之一；振兴蚕丝业必先提倡蚕丝教育，培养实干人才。从此，他孜孜不倦地培养蚕桑人才、推广蚕桑科学技术，为振兴我国蚕丝业奋斗了大半个世纪。

一、以振兴蚕丝教育事业为己任

1905年至1917年，郑辟疆先后在山东青州蚕丝学堂、山东省立农业专门学校任教。他到山东后不久，就拟就《提倡蚕桑十二条陈》送呈山东巡抚。由于当局的昏庸，条陈送出后，如石沉大海，杳无音信。但他献身蚕丝业的决心已定，遂将全部精力投身于蚕丝教育事业。他在教学过程中，不断吸收日本蚕丝科学技术的新成就，结合我国实际情况，编纂了《桑树栽培教科书》《蚕体生理》《养蚕法教科书》《蚕体解剖》《蚕体病理》《制丝教科书》《蚕丝概论》和《土壤肥料论》等多部教科书。这些教科书因立意新颖、内容精湛、图文并茂，深得各蚕校、农校的欢迎，至1928年，有的已重版十余次，是我国蚕丝教育最早的系统化的教科书。

1918年，郑辟疆应史量才之邀，接任女蚕校校长。他到任时，该校已有两届毕业生，但当时妇女就业者极少，该校毕业生大多未能踏入蚕丝界。而我国蚕丝业向来以农村妇女为主力，她们从事栽桑、养蚕、缫丝、织绸等工作。为便于接近广大蚕农，指导推广先进技术，必须培养一批女性科技人才。当年创办女蚕校，其原因就在于此。黄炎培、史量才谆谆寄语郑辟疆："希望女蚕校毕业生能为蚕丝界服务。"

郑辟疆认为，只有主动打破封建局面，方能实现教育之初衷。他明确提出，女蚕校的宗旨是培养蚕丝界之技术人才，以改进我国的蚕丝业。他为女蚕校制定了四条教育方针：启发学生的事业思想；树立技术革新的风尚；以自力更生和节约办法充实实习设备，提高教学质量；坚决向蚕丝业改革进军，使学生有用武之地。他要求女蚕校同人依此四项进行，让学生积极投身蚕丝业战线，以使蚕丝业由此可得到发展。学生投身蚕丝业者愈众，蚕丝业的发展则愈速。

为了更好地培育为蚕丝界服务的科学技术人才，郑辟疆在女蚕校实施的教育方针，有着丰富的内容和鲜明的特色。

（一）灌输爱国主义思想。郑辟疆到任后第一次向全校师生讲话，就大讲嫘祖教民养蚕的故事。他说："现在列强称霸，中国被蚕食，河山破碎，百业凋敝。我们学蚕业的，要不惜献出个人的一切，把祖国蚕丝业发展起来。"经他修订的校歌歌词写道："经纶天下，衣被苍生，古文明功业创西陵。意法日本，继起竞争，挽回利权谁之任？”他的讲话和校歌时常激励着全校师生。1919年五四运动期间，他在操场上向全校师生发表了慷慨激昂的讲话，又带领师生到苏州闹市进行游行示威，反对政府在《巴黎和约》上签字，要求取消“二十一条”。不少女蚕校学生把头上的日制发夹换成了竹簪子，以示抵制日货，表达对日本帝国主义的愤慨。

（二）提倡理论联系实际的学风。郑辟疆教育学生“知行合一，学以致用”。他说：“知是手段，行是目的。学习的目的在于应用，只有在应用中才能掌握真正的知识。”他鼓励学生“愈研而精，愈证而明”。他重视教育中的实践环节，培养学生手脑并用，提高学生动手能力。他在女蚕校先后创办了蚕桑试验场、原蚕种部、蚕丝推广部、制丝实习厂，还在校外农村、工厂建立了众多的实习基地。校内外的实验、实习活动，使学生既获得书本知识，又得到实际锻炼。

（三）提倡实事求是的科学态度。郑辟疆规定“诚、谨、勤、朴”四字为女蚕校校训，并指出，“诚则能谨，勤则能朴”。他身体力行，为师生之表率。1921年春，学校试验新蚕种，开始蚕体生长良好，但几天后发生蚕病，幼蚕连续死亡。有人说是新蚕种不灵，有人说是饲育上有问题。为弄清原因，他决定把试验部和原种部分开。1922年，他把自己的房子腾出两间，一面对新蚕种进行检验，一面精心再度试养，最终证明新蚕种品质是好的，发生蚕病是因为饲育中防病消毒没做好。他写了检讨书，又用大楷毛笔誊抄出来，在纪念迁校10周年会议上，张贴在会场上。检讨书最后写道：“此次失败，余身为校长，应引咎自责，望同人引以为鉴戒，对事业前途大有裨益。”大家为他实事求是、认真负责、严于律己的精神深深感动。

（四）鼓励妇女自尊、自强、自立。为引导学生奋发学习，向蚕丝界进军，郑辟疆教育学生冲破封建束缚，跻身社会，与男子共享平等权利。他赞扬女子心细、手巧，是蚕丝事业的主力军。鉴于旧社会女子体质柔弱，他一到女蚕校，就聘请了体育教师，把体育课列为必修课；开辟了运动场，设置运动器材，鼓励女生加强锻炼；又修建了医务室、浴室等，关心女学生的健康成长。

（五）重视教师队伍建设。郑辟疆聘请德高望重、造诣深厚、事业心强的教师来校任教。为适合女校特点，他还特地从北京女子师范等校聘来多名教师。每位教师到校时，他都前往迎接，并努力为他们发挥才能创造必要的条件。他同各方来的教师推心置腹，合作共事，不以领导者自居，使全校教职员成为一个团结向上的集体。后人称郑辟疆的办学特点是，“精选教师，苦练学生”。在他的教育和熏陶下，学生的“诚、谨、勤、朴”，蔚然成风；学生走向社会后，忠于职守，精心服务，与男子并肩前进，不仅促进了蚕丝事业的革新和发展，而且为社会开创了新的风尚。

二、崇尚科学，改良蚕种

郑辟疆从事教育实践的另一显著特色是：学校教育和社会实践密切结合，组织师生深入农村、工厂，推广新的科学技术，革新我国蚕丝事业。

进行“土种革命”。我国传统的养蚕法，采用自繁土种。土种未经科学方法配制，多近亲繁殖，品种混杂，且未严格消毒，故蚕种退化，蚕病多，蚕茧烘折、缫折大，出丝率低，影响丝的品质。自1897年杭州西湖蚕学馆成立时起，就有人提倡改良蚕种，但或仅停留在口头上，或只有少数专家在小范围内实验，未与广大蚕农结合，虽有成果，却未能推广、普及。郑辟疆认为，改革蚕丝业，首先要从改革蚕种入手，而蚕种的改革，必须与千家万户的蚕农结合，因此他称这是一场“土种革命”。

郑辟疆鼓励学校毕业生经营新蚕种业，最早成立的有虎噼、葑溪等蚕种场，他的弟妹们也创办了壬戌馆蚕种场。1921年，女蚕校设立原蚕种部，生产原种、原母种，以满足新蚕种业的需要。郑辟疆还派他的胞妹郑蓉镜去日本学习蚕业。郑蓉镜回国后在女蚕校从事蚕种改良的教学和实践。

1925年，郑辟疆聘请日籍教师白泽干来华，协助进行蚕种改良工作。他们先是建立了冷藏冰库，实行蚕种冷藏和人工孵化；接着进行一代杂交春蚕种和秋蚕种的试验，并在农村试养、推广，成绩优异；至1927年，正式制成杂交春蚕种3547张，秋蚕种5023张，受到广大蚕农和丝厂的欢迎。当时由土种改为中中杂交种（诸桂×新元），出丝率从5.5%提高到8.3%，增加了2.8个百分点；后又用中日杂交种（诸桂×赤热），缫100公斤丝可节约鲜茧500—600公斤，经济效益十分显著。从纯种到杂交种，从只养春蚕到兼养秋蚕，是我国蚕业生产的进步。

此后，各地蚕种场如雨后春笋般涌现，尤以浒墅关大有蚕种场和镇江蚕种场发展最快。至1930年，江苏全省生产春、秋蚕种达140万张。

为保护新蚕种业的兴起，确保蚕丝业的健康发展，郑辟疆认为应由政府制定相关法令。1930年初，他商请江苏省政府农矿厅同意，组织技术人员起草、颁布了《江苏省蚕业法规》。从此政府依法进行视察和施行蚕种检查，使蚕种生产置于法规指导之下。至1936年，江苏春、秋蚕种产量达286万张，土种基本上被淘汰。

开展蚕业推广指导工作。长期以来我国的蚕业经营都是小农经济的方式，技术落后，思想保守。郑辟疆倡导进行蚕业科学技术推广工作，引导蚕农组织起来，走合作社道路，应用新的科学技术。

1923年，女蚕校成立蚕业推广部，由早期毕业生胡咏絮、费达生任正、副主任，许多师生参加了这一部门。郑辟疆告诫推广部指导人员，“唯有虚心、踏实，才能稳步前进”。他还拟订了“指导人员五项注意”：（一）指导以达到蚕农自动为目的；（二）不涉及地方纠纷，不增加蚕农负担；（三）注意蚕农经济能力及地方风习；（四）改革先要有实践证明，不能强求接受；（五）尊重蚕农原有技术上的优点。

推广指导工作开始之前，郑辟疆带领指导人员在蚕丝业繁盛的吴江县农村展开了一场宣传活动。他们雇用了两只大船，满载蚕桑、丝茧、蚕种、蚕室、蚕具、丝车等实物、模型、标本、图表和浅说用具，每到一处都由郑辟疆宣讲科学养蚕的知识，指导人员介绍展品，蚕农仔细聆听。他们又将改良丝车置于船上，进行实际操作。两岸观众鼓掌叫好，都说应该学习新技术。宣传活动历时两周，影响极大。此后，他们先在吴江县开弦弓村建立了蚕业指导所，指导周围群众组织蚕业合作社和推广养蚕新技术。随后，蚕业指导所逐渐扩大到吴江、吴县、无锡的大部分地区，进而推进到武进、江阴、宜兴部分地区，使这些地区成为我国蚕丝业的先进基地。

各地的蚕业指导所均由若干指导员组成。她们不辞劳苦，深入农村，和蚕农打成一片，通过蚕业合作社，指导社员选用良种，实行共同消毒、共同催青、稚蚕共育，运用新法养蚕，取得了显著效果，深得蚕农信赖。指导员每年春、秋两季自养蚕开始到新茧上市，逐日到各户巡回指导，风雨无阻。每到采茧之期，她们和蚕农共享丰收之欢乐。她们全心全意为蚕农服务的精神，受到蚕农和社会人士的钦佩。

蚕业合作社成立后，蚕茧的产量、质量提高了，但共同售茧没有组织起来，蚕农仍苦于茧行的中间剥削；而且零星售茧，使茧质混杂，增加了缫丝加工的难度。因此，郑辟疆又提倡共同售茧，普遍实行了鲜茧共售，个别地区还发展到干茧共售。1930年，由女蚕校推广部介绍，吴县光福蚕业合作社与无锡永泰、乾甡等丝厂订立鲜茧买卖合同，最早实行鲜茧共售。此后光福又成立干茧运销合作社，协助蚕农建造烘茧灶，指导干茧技术，将干茧直接售与无锡、上海等地的丝厂。共同售茧，减少了中间环节，实行优质优价，蚕农得益更多，同时促进了蚕茧质量的提高，对提高生丝的品质也大有裨益，因此得到了蚕农和丝厂的共同欢迎。

农民养蚕最大的困难是资金不足，只能借高利贷，忍受重利盘剥。郑辟疆急蚕农之所急，时常奔走各处，以女蚕校和他自己的技术信用做担保，为蚕农向银行争得低利贷款。售茧后蚕农如数偿还银行本利，从未发生拖欠之事，蚕农和银行都很满意。

为提高蚕农的文化、技术素质，郑辟疆要求女蚕校推广部于农闲时举办妇女工读班和养蚕技术培训班。女蚕校曾编印四种教本——《识字课本》《养蚕大要》《上蔟须知》和《消毒法》，是蚕农欢迎的科普读物，得到广泛传播。

郑辟疆倡导的蚕业推广指导工作，开创了我国早期在农村开展合作社运动和介绍科普知识的科技兴农之先河。

改进制丝技术。在蚕业推广指导工作的基础上，郑辟疆又致力于制丝技术的改进。自1921年起，他先后派费达生、张复升等去日本学习新的制丝技术。他重视制丝事业，1925年把女蚕校蚕业推广部改名为蚕丝推广部，兼管蚕、丝新技术的改进。

南浔、震泽一带的蚕农，习惯自制土丝，选质优者翻成“辑里乾经”行销国外。他指示推广部，要重视土丝的制造技术，保留其优点，促进其改良，提高其品质。1925年郑辟疆组织人员先在震泽和开弦弓村试行土丝改良，1927年在震泽镇塔寺设立土丝改良传习所，有改良丝车92台。改良后的土丝品质大大提高。

1929年，开弦弓村成立生丝精制运销合作社，这是中国农民在农村自办机械缫丝的创举。该社的设备原系孙中山先生赠予粤商欧谭为然女士的，她未曾使用，又转赠女蚕校。该社所需经费除社员自筹外，经推广部和江苏农民银行行长过探先、王志莘协商，江苏农民银行同意给予贷款。该社采用的是日本式小复摇式机器，比当时一般丝厂用的欧洲式机器

郑辟疆编著的教科书

好；同时该社还采取煮缫分业，改进煮茧技术，所以该社生产的“蜜蜂”牌生丝品质十分优良。1930年，虽丝价暴跌，而该社因所产生丝成本低、质量好，生意依旧蒸蒸日上。

1930年，女蚕校增设制丝科和制丝实习厂，郑辟疆将它们形象地比喻为改进制丝业的秧田和制丝改进实验的示范田。当时在国际竞争中，我国制丝业的弱点已完全暴露，主要是设备陈旧、管理落后，导致国产生丝市场日益萎缩，不少丝厂倒闭。因此，郑辟疆组织技术人员，悉心钻研，改进设备。当时日本缫丝技术已由坐缫改为立缫，但禁止立缫车出口。于是1932年，郑辟疆委托张复升、费达生仿制日式立缫车（张、费在日本留学时看到过日式立缫车），经无锡合众铁工厂与上海寰环铁工厂共同施工，试制成功女蚕校式立缫车。该车先在女蚕校制丝实习厂和开弦弓村制丝合作社试用，效果良好，以后在其他丝厂推广应用。与此同时，女蚕校又研制和改进了烘茧机、剥茧机、煮茧机、复摇车和生丝检验设备等，对制丝机械和工艺做了系列改革，从而提高了我国生丝的品质，扩大了销路。茧价逐步回升，蚕业生产得以稳定，渡过了国际市场上丝价猛跌的难关。这是改进制丝技术设备所获得的胜利。

郑辟疆除实行生产技术革新外，还推动丝厂业主进行管理上的改革。当时各工厂厂主只知赚钱、剥削工人，管理人员都是“大小把头”（俗称“拿摩温”，即“number one”）。1932年，女蚕校毕业生在无锡乾甡丝厂进行改革时，就受到厂里保守势力的抵制。而瑞纶丝厂厂主吴申伯年轻有为，有改革的要求。郑辟疆派费达生等人去该厂进行全面改造，将瑞纶丝厂改为玉祁制丝所，从厂房建筑、工艺设备、生产技术、管理机构到管理方法都进行了革新，虽也遇到重重阻力，但最终收到了良好效果。

吴江县继成立开弦弓村生丝精制合作社后，又在女蚕校推广部的指导、帮助下，对震丰丝厂进行了改革，于1935年成立了平望制丝所和震泽制丝所。这两个制丝所经营蚕业合作社委托的代烘、代缫业务。当时郑辟疆就指出，“这种经营方式，是以农村劳动力为基础，不仅有利于农业经济，且于国家经济、地方经济大有裨益，是振兴蚕丝业的道路之一”。

随着改革和发展，制丝工业亟需高级技术人才。1935年，郑辟疆创办了制丝专科学校，男、女生兼招，这是我国制丝高等教育的开端。1937年，制丝专科学校又增设养蚕专科，改称浒墅关蚕丝专科学校。

从1918年至1937年的19年间，郑辟疆对我国蚕丝教育和蚕丝业的革新做出了卓著的贡献，这也是他的教育思想和实践得到充分发展的阶段。

三、蜡炬成灰泪始干

1937年，日本侵华战争全面爆发。蚕丝专科学校校舍和玉祁、震泽、平望制丝所以及开弦弓村制丝社全部遭日本侵略者焚毁，设备被洗劫一空。郑辟疆在苏南苦心经营的事业毁于一旦。但他没有灰心。起初，他率同人在上海租界继续招生复课；汪伪政权建立后，他誓不做亡国奴，毅然辗转前往四川，将学校迁至四川乐山。入川时，他带去了一批技术人员和苏南的优良蚕种，协助乐山蚕丝实验区开展蚕丝改良工作，推广苏南的经验，使川南蚕丝业面貌为之一新。1945年，日本投降，郑辟疆回到浒墅关，艰苦复校。1946年初，学校开始招生；11月实习工厂复工，开展代缫，以所得收入做复校经费。在此期间，女蚕校还协助中蚕公司接收日商瑞丰丝厂，将之改名为苏州第一丝厂。

抗战时，学校内迁四川乐山

中华人民共和国成

立后，百废待兴，学校得到了迅速发展。1950年，女蚕校和苏州蚕丝专科学校合并为苏南蚕丝专科学校；1956年，蚕、丝分校，建立苏州蚕桑学校和苏州丝绸工业学校；1958年，苏州蚕桑学校和苏州丝绸工业学校，分别升格为苏州蚕桑专科学校和苏州丝绸工业专科学校；1960年，苏州丝绸工业专科学校升格为苏州丝绸工学院。郑辟疆直到逝世之前，一直担任两校校长，继续为祖国的蚕丝教育事业呕心沥血。1954年，郑辟疆出席第一届全国人民代表大会期间，由黄炎培引见，见到了毛泽东、周恩来。毛泽东、周恩来亲切地勉励他“把我国的蚕丝业发扬光大”，给了他巨大的鼓舞。

在中华人民共和国成立后的20多年里，郑辟疆进一步发扬理论联系实际、学校教育与社会生产相结合的教育思想，积极促进蚕丝教育事业发展。在他的主持下，苏州丝绸工学院逐步发展成为具有制丝、丝织、印染整理、染织美术等专业配套的丝绸高等学府。他十分重视缫丝技术的革新和推广。1952年，苏南蚕丝专科学校首先引进了日本多摩定立式自动缫丝机，在他的主持下，该校培养了一批技术人才，总结了一套操作规程，使生丝的产量和质量在全国处于领先地位。1962年，他又主持设计和试制400绪定纤式自动缫丝机，该机经过长期试验，通过国家鉴定，定型为D101型定纤式自动缫丝机，成为我国新一代缫丝机并在全国推广，对推动我国丝绸生产发展起了重要作用。

郑辟疆晚年还积极从事我国传统蚕丝技术的挖掘整理工作，经他校释的蚕丝古籍，已出版的有《蚕桑辑要》《豳风广义》《广蚕桑说辑补》《野蚕录》等，使我国传统蚕丝文化得到弘扬和传承。

郑辟疆曾先后当选第一届全国人民代表大会代表，第三、四届全国政协委员，江苏省人民委员会委员，第三届江苏省政协常委，并担任中国蚕学会名誉理事长、江苏省蚕学会理事长等职。

郑辟疆一心为公，不谋私利。20世纪20年代初，女蚕校建立蚕种部，由于政府不拨款，他将自己私寓“潜庐”抵押，向银行贷款。1932

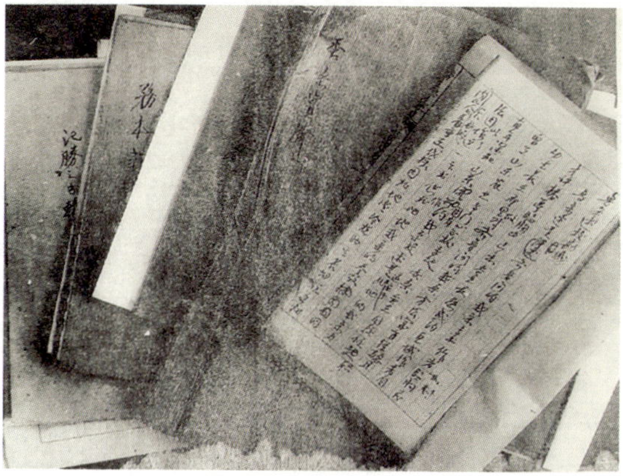

郑辟疆校释的中国古代农书

年，女蚕校试制立缫车，经费无着落，他又捐款购置器材，终将女蚕校式立缫车试制成功。他乐于助人，公而忘私。苏南解放不久，正值春茧上市，因战事影响，茧站未做好收茧资金准备。在此紧急关头，他不顾交通阻隔，前往无锡苏南行署呼吁，并自己雇车将收茧资金押运到苏州，解了燃眉之急。他一生以事业为重，直到古稀之年，才在亲友、学生的敦促下，办理了一生的婚姻大事，同费达生结为伉俪。

用“春蚕到死丝方尽，蜡炬成灰泪始干”来形容郑辟疆的一生，再为贴切不过了。他为人民吐尽了丝，然后悄悄地离开了人世。他留下的手稿中写道：“生存到止境，好比灯油尽。油尽灯自灭，永别无须惜……一生无贡献，未尽人民责。徒餐三百石，无以报农人。”从中可以看到他虚怀若谷、甘为孺子牛的高尚品格。

第二章　蜡炬成灰泪始干

第一节　谁言寸草心

——忆母亲张绮容

无题

浪迹天涯廿一载，梦中依稀慈母泪。

夤夜遽逝深自憾，惟求来世报春晖。

光阴似箭，岁月悠悠，母亲逝世已经二十年了。二十年的流光风尘，割不断我对母亲的思念。她慈祥的形象、清秀的脸庞、娟秀的字体，时时在我脑海中浮现，让我魂牵梦萦……思念，依然无尽。

有人说："母爱是伟大的，深沉的。"这话千真万确。儿行千里，母心牵连。儿女的缺憾，只有母爱能够包容；为了儿女，母亲能克服一切、忍受一切、牺牲一切。

张绮容

母亲出生在江苏无锡县（现无锡市）的一户张姓人家。外公是当地一位经商的开明绅士，为人和蔼，乐于慈善事业；外婆是家庭妇女。张家四个儿子成年后活跃于商界，在无锡各自开办丝厂、纱厂，均有建树。其中张季芳事业最为成功，兴办无锡禾丰缫丝厂，声誉卓著。外公外婆共生育了9个子女，夭折1人。母亲最小，兄长姐姐对她特别钟爱，呼之“多妹”。旧中国信奉“女子无才便是德”，母亲的两个姐姐没能上学，因而外公决意好好培养母亲。母亲七岁进无锡德慧女子高级小学，毕业后考入县立女中读到初二。当时无锡受洋务运动、大办蚕桑丝绸实业新潮的影响，办厂成风。母亲转学考入无锡永泰丝厂首届蚕丝练习班，1931年冬毕业即任无锡永泰丝厂蚕桑科技术指导员。她十九岁开始养蚕，先后在无锡县蚕桑模范区、吴江县永康蚕种场、浒墅关三元蚕种场、浒墅关吴县蚕种改良场担任协理、技术指导员等职务，在农村养蚕育种的平凡岗位上，辛勤工作了四十多个春秋寒暑，直到1972年秋退休。

20世纪50年代初，由于各种原因，父亲远走他乡。为了生活，母亲不得不忍痛抛下四个幼小的孩子，到浒墅关三元蚕种场工作。我小学三年级时，转学到浒墅关小学，在蚕种场和母亲一起生活了一年多，童年的记忆是清晰的、难忘的……

蚕种场的工作、生活相当有节奏。每年要养春、秋两期蚕。“春蚕三眠更三起，子规惊梦劳蚕女。”“红女勤劬日载阳，鸣鸠拂羽恰条桑。只因三卧蚕将老，剪烛频看夜未央。”这些诗句对养蚕工的辛劳做了细致的描述。蚕期是一年最繁忙的季节，养蚕工们起早摸黑，通宵达旦。但母亲从不叫苦，总是和女工们打成一片，什么重活都要做。她和二伯母张慧多（女蚕校毕业生）住在办公楼的同一房间，两人一个任经理，一个当协理，工作、生活都很和谐。二伯母是大家闺秀，性格温和、细腻，使用一支派克钢笔，写得一手漂亮字。

尽管蚕种场很忙，但只要有空，母亲就会检查我的功课，帮我整理笔记、削铅笔，给我讲一些童话故事，带我出去玩。有一年冬天，大雪纷扬，天寒地冻，著名评弹艺术家严雪亭到浒墅关说书，书目是《杨乃武与小白菜》。母亲带我前往观看，地点是蚕种场对面的浒墅关中学礼堂。我们到了之后发现场内座无虚席，热闹非凡。那次听书的场景我至今记忆犹新。

童年在浒墅关最高兴的事，是和母亲、二伯母一起到浒墅关女

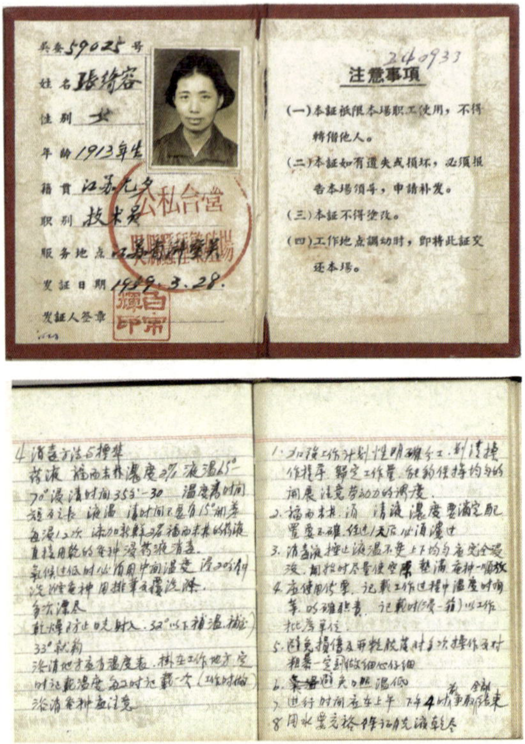

张绮容工作证、工作笔记

蚕校去。当时二伯母的哥哥张复升是女蚕校的教师，他曾留学日本，后任苏州丝绸工学院副院长、教授。我们经常去他家玩。大人们是为了沟通工作、交流信息、融和亲情而经常走动。我则是喜欢女蚕校怡人的环境：春天，繁花锦簇，芳草如茵，三五成群的彩蝶、蜜蜂在花丛间翩翩起舞，微风过处，散发着缕缕清香。女蚕校有不少漂亮的建筑，花园“洋房”、整齐的教室，窗明几净。女蚕校教师温文尔雅，学生彬彬有礼。这一切都深深地吸引着我。

在我童年的记忆中，母亲很少回家，有时节假日也在蚕种场，家中大小事务都由五姨母张庭梧（母亲的姐姐，排行第五，未婚，1902年生，1970年

张庭梧

张绮容

卒）操持，她住在我家，里里外外悉心料理。五姨母和蔼可亲，虽然不识字，但深明世理，对我从小鞠养教诲，恩深似母。她常云：“甘罗十二岁成相。”她非常喜欢小孩，能做可口的饭菜、点心。

母亲很少回家，有时五姨母外出探亲，母亲回家两天，给我们做些饭菜，虽然很简单，但大家都感到很温馨、很高兴。母亲是一个知书达理的人，和孩子们在一起时，总要讲一些勉励的话，如“少壮不努力，老大徒伤悲”“勤能补拙是良训”“黎明即起，洒扫庭除”之类。记得我上中学时，她还给我背诵过荀子的《劝学篇》、诸葛亮的《前出师表》和韩愈的《师说》等片段。她还把自己珍藏的几本线装《古文观止》给我，嘱我认真阅读。

母亲人比较内向，一生没有享到清福。多年里，母亲独自挑起全家生活的重担，大部分时间都在忙忙碌碌地工作，与家人团聚、享受天伦之乐的时光不多。“文革”以后，父亲于1980年和1981年两次回苏州探亲，但由于分离了几十年，两人在言语上很难沟通，总是相对无言，宛如远方客。母亲晚年曾不无感慨地说：“苏州解放后，由于家中无人，孩子还小，我对子女的关心、教育、照顾不够，这是我一生的愧疚和遗憾。”

左二是五姨母张庭梧，左三是三姨母张钰英（1967年摄于杭州西湖三潭印月）

在纪念母亲逝世二十周年的日子里，我觉得人活着的关键是精神的感召。金秋的一天，我踏着满地缤纷的落叶，冒着霏霏雨丝，驱车前往浒墅关，重访吴县蚕种改良场（原三元蚕种场）故址。该场已被拆除，但三元桥下流水潺潺，风韵依旧。旧地重游，感慨良多。此次重访，我见到了几位当年和母亲一起工作的故人。年逾九十岁的朱凤英老人（原吴县蚕种场技术员）谈到母亲时，眼中流露出无比的激动和怀念，深情地说："认真、守信、善良、负责是你母亲的品性。"另一位20世纪70年代进蚕种场的蚕校毕业生，如今已两鬓霜白，退休在家。他谈到蚕种场的老人时，深情地说："老人们虽然走了，但他们的敬业精神，永远值得大家学习。"

沧海桑田，物是人非，历史是公平的。一个人的能力有大小，但只要做了对人民有益的事，人民是不会忘却的。母亲，您在天国可好？无语问苍天！五十多年前，我去新疆，临行之际，您殷殷嘱咐，语重心长。从您善良的目光中，我似乎感悟到生命的悲欢离合，但那时毕竟年轻，不谙世事。几十年后，我历经坎坷、磨难，阅尽人间沧桑，才真正领会到古人"慈母手中线，游子身上衣。临行密密缝，意恐迟迟归"的深刻内涵，懂得人类之爱的根基——亲情。世上最伟大的是母爱！

张绮容生平简介（1913—1997）

1913年4月5日

出生于江苏省无锡县南门外长街弄。

1921年9月

考入无锡县南门外德慧女子高级小学读书。

1927年7月

德慧女子高级小学毕业，同年秋考入无锡县立女子中学读书。

1929年秋

读至初中二年级，转学考入无锡永泰丝厂蚕丝练习班。

1931年冬

无锡永泰丝厂蚕丝练习班毕业。

1932年1月—1935年6月

在无锡永泰丝厂蚕桑科任技术指导员。

1935年7月—1937年10月

在无锡县蚕桑模范区任技术指导员。

1948年3月—1950年12月

在吴江县永康蚕种场任技术员。

1953年7月—1955年2月

在吴县浒墅关三元蚕种场任协理兼技术员。

1955年2月—1972年10月

在吴县浒墅关公私合营三元蚕种场、浒墅关吴县蚕种改良场任技术员，直至退休。

1997年3月21日

因病医治无效，在苏州逝世，享年84岁。

附：无锡永泰丝厂蚕丝练习班情况介绍

无锡永泰丝厂于民国十八年（1929）开设了针对培训技术管理人员和制丝技术人员的蚕丝练习班。学制原定为3年，后改为2年，每期招收30多名具有初、高中文化水平的18至20岁青年。学生入学后每3个月考试1次，不断筛选，到毕业时，每期仅剩20余名，成绩优秀者发给奖学金。对毕业成绩获前2名的练习生，永泰丝厂薛氏资本集团还资助遣派赴日本留学。永泰丝厂在开办练习班的同时，还开办了养蚕指导员讲习学校，男女兼收。女生毕业后在厂办蚕种场工作，养蚕期间则派往农村永泰丝厂办的合作社推广蚕种和指导养蚕；男生毕业后则负责经营为永泰丝厂服务的养蚕合作社和茧行。至1937年，共办练习班8期，讲习学校毕业学生8届，无锡沦陷后停办。

第二节　一枝独秀不是春
——回忆父亲

邵墅祥

2018年是父亲邵申培诞辰126周年，也是他逝世66周年。父亲把毕生精力贡献给了我国蚕桑事业的振兴和发展，为苏、浙、皖广大农民做了许多好事，尽管时间已经过去半个多世纪，但人们仍然没有忘记他。谨以此文表达我对父亲的怀念和崇敬。

父亲是江苏宜兴和桥赋村人，毕业于杭州西湖蚕学馆。1918年，蚕学馆校友郑辟疆任江苏省立女子蚕业学校校长，聘父亲为该校教员，并兼实习场场务主任。

邵申培

一、同行相助　大家都有

蚕丝业源自中国，但我国蚕丝业因长期因循守旧、背离科学而日趋落后，后经蚕丝业界有识之士共同努力，逐步改变了落后面貌。蚕丝业的基础是蚕种。大有蚕种场在当时是蚕种业的支柱，在规模、设备、技术、资金等方面都是首屈一指的。父亲是这个蚕种场的主要负责人，他深感责任重大。

一枝独秀不是春。父亲知道单靠大有蚕种

场一家是不够的，必须蚕种业同行团结一致，才能在复兴蚕丝业的道路上继续前进。

父亲常讲一句话："大有、大有，就是大家都有嘛！"

父亲一生清廉正直，不图钱财。在他看来，同行之间的帮助是互补的，你帮了别人，别人也会帮你。大有蚕种场是个大型蚕种场，设备齐全，技术力量雄厚，有些设备和技术水平绝非中、小型蚕种场所能配置和达到的。大有蚕种场为使各中、小型蚕种场所产蚕种品质有所保障做出了种种努力，除向他们提供原种外，还提供冷藏、浸酸、浴种、催青、镜检等服务。此外，诸如试验报告、技术研究资料之类，均毫无保留地在同业中公布。大有蚕种场真正做到了在力所能及的范围内，扶植中、小型蚕种场，帮助他们克服困难，稳步发展。有些小型蚕种场的负责人说："正是有了大有蚕种场的扶助，我们才得以生存和发展下去。"大有蚕种场这种同行相助的企业精神和风范，曾在当地民间传颂一时。当地民间流传着这样一句话："大有只要有，呒不也可有。"民间的传言是实实在在的。

在同行相助的良好氛围中，浒墅关的蚕种场迅速发展，除大有蚕种场发展到共有十一个分场外，其他中、小型蚕种场在抗日战争全面爆发前，也发展到有壬戌馆、于园、三元、天远、永新、国华等二十几家。浒墅关一度成为我国蚕种场最密集的地方，每年生产大量优质蚕种，以满足广大蚕农的需要。

在浒墅关蚕业界，从来没有旧时"同行必妒"的陋习，代替它的是同行相助的美德。在这里，人们不会忘记父亲的为人处世和他高瞻远瞩的优秀品质。

二、言传身教　淡泊明志

1916年6月，父亲从杭州西湖蚕学馆毕业（本科第十五期共计18人），从此毕终生精力，从事他钟爱的蚕桑教育和制种事业，废寝忘食，日夜操劳。尽管后来浒墅关大有蚕种场办得红红火火，如日中天，但父亲的生活十分俭约，粗茶淡饭，从不奢侈。家中饭桌上以素菜为主，而且都是园子里自种的蔬菜，或者自制的咸菜和用野苋菜茎发酵泡制的臭豆腐，味道鲜美。

我的母亲周毓，宜兴红塔团云霭村人。她是周元勋三兄弟的姐姐，生于1894年，是一个老实、本分、纯朴、善良的农村妇女。她不识字，没有文化，缠小脚。她虽然没有念过书，但深明事理、尊老爱幼，操持家务任劳任怨。我的奶奶有三个儿媳、一个女儿，她喜欢来我家长住，因为她和我母亲相处特别融洽，胜似母女。我的父母共生了五个子女，长子不幸幼年夭折，剩下两男两女。为使孩子们能够受到良好的教育，父亲与他的兄妹们商量后，将各家正在上学的孩子，共十余人，集中起来，送到苏州城里，租房居住，设法让他们进入教学质量好的学校就读；同时请家庭教师，在放学后和晚上，督促、辅导孩子们复习功课，周末补习数理、英语，多年来从不间断。孩子们的生

我的祖母、父母和在苏州上学的孩子们

20世纪50年代，母亲周毓和她的子女。前排左起：邵澄如、周毓、邵新如。后排左起：邵墅祥、邵曰祥

1951年秋，父母到徐州部队探望儿子及侄女。前排左起：周毓、邵申培。后排左起：邵幼真、邵墅祥、赵鹏

邵墅祥（左）与堂弟邵茂君

邵申培故居（浒墅关油车浜23号）

邵申培故居（浒墅关油车浜23号）

活，请了一个保姆照顾。我的母亲放心不下，经常从浒墅关到苏州城里去探望，并尽量在苏州城里多住些日子，买菜做饭，妥善安排好孩子们的生活，关心孩子们的健康成长。

父亲常对孩子们说："你们不仅要努力学好科学文化知识，更重要的是，要学好怎么做人。"意思是首先要学会做一个正直、善良、对社会有益的人。父亲的妹夫董志新，当时是江苏省常州中学校长，颇负盛名，平时工作繁忙，每年暑假，他都要利用回家的时间，将孩子们召集在一起，补习英语（他早年从中央大学英语系毕业）。同时他还给孩子们讲解《古文观止》中的名篇，动之以情，晓之以理，使孩子们不仅打下了扎实的文化知识基础，而且在为人处世方面具备优秀的品德。

中华人民共和国成立后我在浙江大学就读，1950年朝鲜战争爆发，虽然只差一年即可毕业，但我仍积极响应国家号召，投笔从戎，参加了中华人民共和国的空军。

我的大妹邵澄如继承父业，攻读蚕桑，从江苏省立女子蚕业学校蚕桑科毕业，被分配到太湖蚕区，后又去了天池山、白马涧等地。她不畏艰苦，深入蚕农家中，精心指导，科学养蚕，深受蚕农欢迎，交了很多蚕农朋友，亲如家人，多年以后，与蚕农仍常有往来。

我小妹邵新如毕业于南京大学化学系，留校任教。

我小弟邵曰祥毕业于南京工学院无线电系，在华东纺织工学院（现为东华大学）任教，曾任自动化系系主任，后任东华大学信息科学与技术学院院长等职。

我们兄弟姐妹四人没有辜负父母的期望，在各自的人生道路上，贡献了自己的力量。

因常年奔走操劳、夙兴夜寐，父亲积劳成疾，起初大便失常，后日趋严重，1952年春，经苏州博习医院诊断为直肠癌，即转上海中山医院诊治并进行手术，无奈癌细胞已经扩散全身，为时已晚。

1952年7月4日，父亲因病医治无效，不幸去世，享年六十岁。

三、一心利民　鞠躬尽瘁

父亲毕生从事蚕桑教育和蚕种改良事业，为我国蚕桑事业的振兴做出了卓越贡献。中华人民共和国成立后，他当选为吴县第一届人民代表大会代表、苏南区人民代表大会代表。党和政府的信任及关怀，使他深受感动，他决心不负众望，为中华人民共和国的蚕桑事业再做贡献。

中华人民共和国成立不久，中央即提出，要从新民主主义提前过渡到社会主义，民族工商业要进行社会主义改造，私营企业先改成公私合营，再进而由国家经营。父亲深知，养蚕产茧是苏、浙一带广大农民的主要副业，直接关系到农民的经济收益和生活改善，蚕种场由国家经营管理，必将优于私人经营，蚕种场好，生产的蚕种就好，有好的蚕种给农民饲养，就会产出好的蚕茧和蚕丝，最终得益的是广大农民。因此，父亲衷心拥护国家政策，全力配合，积极投入社会主义改造运动之中。

大有蚕种场是一个股份制公司，改变经营机制，要通过股东大会同意。而公私合营以至全由国家经营，将使股东失去对企业的所有权，这并不是全体股东都愿意的，要想让他们全部同意改制，势必要一个长期的说服教育过程。这时，父亲虽然已感身体不适，但仍积极主动配合政府工作，多次奔走于上海、无锡、杭州等地，到各股东家中耐心说服、动员，最终取得了绝大多数股东同意，使大有蚕种场提前于全行业四年，在1952年春，率先完成了公私合营改制。

就在这时，父亲逐渐病重，卧床不起，以至生命垂危。父亲病重期间，他的学生、同业人士、大有蚕种场的股东以及各方亲朋好友，纷纷来到家中探望、慰问。

父亲在他生命的最后阶段，还为人民做了一件好事，真是鞠躬尽瘁，死而后已！

在父亲的追悼会上，大家送来的花圈、挽联、挽幛挂满了整个厅堂。他的校友、学长、亲密挚友郑辟疆、费达生夫妇，悲痛万分。

在这里，我想引用费孝通的一段话，这段话最为贴切。他说："郑先生和我姐姐这一代人，为振兴中国农村经济探索出了一条道路，他们用爱国爱民的深厚感情，用他们这一代人所能得到的科学知识，用一生的辛勤劳动，使千家万户的农民生活得到了改善……"

（本文作者系邵申培之子）

第三节　一片冰心在玉壶
——回忆周元勋

周志贤

周元勋，谱名金维，字金虎，《国山周氏世谱》中，大宗属第六十七世，云霭十八世，生于1902年4月28日，卒于1952年4月25日，享年50岁，江苏宜兴云霭村人。他的一生，可圈可点，可歌可泣。他自幼聪慧，学习刻苦，博闻强识，成绩优秀，出类拔萃。

元勋一家有姐弟四人，大姐周毓，两个弟弟，元功、元勳。父亲映亭（荫庭），去世比较早。母亲薛氏独自抚养四个孩子，生活十分清苦。

民国初期，元勋以优异的成绩考取了国立中央大学。录取通知书被送到县里，县里又派人敲着锣鼓、吹着洋号去云霭村报喜。一路上，鼓乐震天，彩旗飘扬，沿路百姓争相围观。报喜队来到村中，元勋的母亲正在门前切苋菜梗，准备浸臭大头呢（臭大头是宜兴人家的一种农家菜，就是把苋菜梗切成一寸多长，浸入上年的咸卤水中，几天后捞起，蒸熟后，便可当菜吃）。她听见有人在喊："元勋他娘，你家元勋考上大学了！"在当时，考上大学可不是一件容易的事，这与明清时期考中举人一样，全村人都为之振奋。元勋的母亲赶紧把菜梗摞到一边，从水缸里舀一点水，把手洗净，出来接待，先端几张长凳出来，用破手巾揩一下，请报喜的人坐下，再到村上借钱，给他们每人发六元赏钱，带个"六"，大家"发禄发禄"。报喜的人连声道谢。

元勋的母亲又派人到宋渎店铺里去买八个大炮仗、一挂二千响的小鞭炮，回到村中，放了起来。这大炮仗太响了，围观的孩子们，都用小手紧紧捂着耳朵，但仍觉得好像要被震聋了。

元勋在大学读书时，经常写信给母亲，嘱咐母亲保重身体，儿子在外，自己能照顾好自己，不用操心。每年寒、暑假，他放假回家，走进村中，亲切随和，从来没有一点大学生的架子。七月炎夏，数九寒天，他照样与普通农家孩子一样，帮家里人在田地里干活，车水、耥稻、拔草、挑担……什么活都干，从不叫苦叫累。他知道，母亲为维持家里生计吃了不少苦，自己在家时多干点活，也好减轻一点母亲的负担。

元勋大学毕业后，在外工作了几年，积蓄了一点资金，在姐夫邵申培的倡议和鼓励下，准备买桑田，办蚕种场。他首先想到的是家乡的发展。那天他回到云霤，与家乡的父老乡亲商量此事，首先想到的是云霤村南、南漕与北漕之间的一大片土地。这是一片水稻田，地势略高，属于乙等田。过去的土地，分为甲、乙、丙、丁四等。村前屋后的水稻田称甲等田，属米囤田、口粮田；乙等田离家稍远一点，也属米囤田。由于桑田要干燥，需四面开沟，影响旁边农户水稻田的存水，大多数人反对出卖，商谈未果。

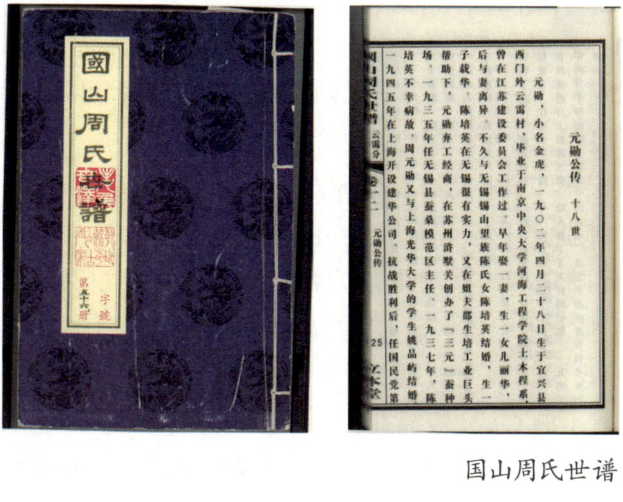

国山周氏世谱

接着，元勋又提出是否可以购买西滩上的一片土地。西滩三面靠河，地势平坦，灌排方便，对别人影响不大。可是元勋堂叔周定保有一块田在滩上，商量时，定保就问："你种桑树，是否影响种稻？"元勋直言："我栽桑树的田要干燥，不能受淹；你要种稻，要水，总归有影响的。"定保听了，极力反对，坚决不同意。元勋无可奈何，便怏怏不乐地返回到浒墅关。

1937年，元勋的两个弟弟从日本留学归来。元功毕业于日本上田高等蚕桑专科学校；元勲因抗战爆发，肄业于东京高等兽医专科学校。在浒墅关三元蚕种场，元功管业务，元勲管事务，元勋主持全局，兄弟三人同心协力。

1937年至1945年日本帝国主义发动侵华战争期间，日军四处烧杀抢掠，三元蚕种场受到极大的影响，一度停业，但始终未落入敌手。

元勋办了蚕种场，自家不少堂兄弟、叔伯兄弟也去打工。他们去了后，自以为是老板的亲戚，高人一等，做事不出力，经常迟到早退，做一天和尚撞一天钟，一被批评，就嘴翘鼻头高，而且喜欢贪小利，常把旧被絮带去，换成丝绵被带回家，有的甚至在那里放赌，搓麻将。领班向老板反映，家族人员，难于管理。最后元勋只能以"员工收足了"为由，把这些人辞退。

元勋办蚕种场时，曾把母亲接去苏州住过几天，母亲回家后没过多久就病故了。噩耗传来，元勋悲痛欲绝，匆匆赶回家。元勋老家在宏祠东隔壁，老人们都记得，元勋在宏祠中幢东墙上开了一扇门，丧事办在宏祠里，敞棚搭在外面，祭饭是三荤三素，非常丰盛，油豆腐放在三脚蚕架上的蚕匾里。寿器是一具上好的黑漆大棺木。母亲入殓后，元勋拿着一条毛巾，边擦棺木边哭诉："娘啊，你为我们姐弟四人，省吃俭用，每次有好吃的，总是塞进我们手里，说自己吃过了。为了让我们能穿上新鞋、新衣，你整日整夜地纺纱结线，自己总是穿着带补丁的衣服，苦熬几十年，没能过上好日子。现在总算熬出头了，你却离我们而去。娘啊，儿子实在对不起你！"元勋手里拿着毛巾，哭一声，为母亲揩一下寿器，围观的人，无不跟着落泪。

元勋父亲去世时没有下葬，这次要一起安葬，叫“合晉葬”。于是，元勋把两位老人安葬在宋渎高家村的地上。

元勋到家第二天，通知凡居住在本村的五十岁以上的老人到祠堂集合，不论男女，每人发五元钱。当发到堂叔周定保老人手里时，老人是热泪盈眶，喃喃自语：“当初只怪我目光短浅，你办企业，我不支持，还要带头阻拦，今天用你的钱，真不好意思……”元勋大方地说：“过去的事就让它过去吧，我们还是一家人。”旁边也有人对老人说：“你当时如果不带头阻拦，蚕种场一定能办在我们云霭……”

（本文作者系周元勋之子）

三元蚕种场遗迹“三元桥”

第三章　丝为媒，茧结同宫

第一节　平生风义兼师友

——郑辟疆、费达生伉俪

一、轰动蚕学界的婚礼

1950年3月12日，苏南平原春光明媚，田野里随处可见一片葱绿，或是一片金黄，阵阵微风带着油菜花的芬芳向四处飘散。坐落在浒墅关南端、古运河西岸的苏南蚕丝专科学校大门口，红旗飘飘，两旁砖墙上张贴了一条条彩纸标语。校园内熙熙攘攘，特别热闹，来自各地的校友和全校师生在热烈庆祝建校三十九周年。这也是中华人民共和国成立后学校的第一个校庆日。

按照惯例，上午召开纪念会，校友们在一起交流从事蚕丝事业的情况和经验，下午观看文艺演出。可是，老同学、师生们久别重逢，有叙不完的深情厚谊、讲不完的学术原理，中午休息时间也安静不下来。当大家听到铃声的催促，走进礼堂时，老校长郑辟疆早已来到了西陵堂。

郑辟疆从事蚕丝教育几十年，在全国蚕丝界负有盛名，德高望重，是“中国蚕丝界的泰斗”。他虽已是七十一岁高龄，但精神健旺，神采奕奕。那天他身穿整洁的深蓝色制服，戴着解放帽，笑容可掬，显得喜气洋溢。大家陆续到达时，他正按他的老习惯，在舞台前面踱来踱去。

礼堂里渐渐坐满了人，大家注视着挂好幕布的低矮的舞台，等待节目开始。只见郑辟疆健步走上舞台，在台中间站住，微笑着说：“诸位同志，节目演出之前，我要向大家宣布一件事，我和费达生女士结婚了！”

全场寂然，人们惊愕。几十年来坚持独身主义的老校长什么时候改变了主意？而且消息保守得多严密啊！接着是狂喜，礼堂里爆发出经久不息的掌声。

在掌声中，坐在前排激动得满脸通红的费达生也站起来，向大家频频致意。

掌声停下来，郑辟疆继续讲道：“我和达生一起从事蚕丝事业几十年，彼此有感情。但是，过去在旧社会，我有片面的认识，也有种种顾虑，尽管有些好心的同事从中帮助，但我们没有结合。现在解放了，冬去春来，我俩结为老伴。结婚是人生大事，诸位都是我们的证婚人。我们不发请帖，不摆酒席了，大家也不用送礼，我们就请大家吃些糖果……”

话毕，门口一位工友推进来一辆小车子，开始散发那用粉红色、外面印有“囍”字的纸袋装着的糖果、花生。

礼堂里再次响起热烈的掌声，掌声中，年近五十的费达生走上了舞台。她人长得小巧、清秀，鸭蛋形脸庞上显出红晕，身穿蓝布列宁装，腰束布腰带，头上的解放帽下露出整齐的短发。这位一向泼辣、在事业上要强的女性，今天倒有点忸怩。她用手掠了一下头发，莞尔一笑，轻轻说道：“郑辟疆是我尊敬的老师，我是在郑师的指引下走上蚕学道路的。三十年来，我取得的所有成绩、进步，都和郑师的指导分不开。我们结合不是一时冲动，而是在长期的共同事业中建立了深厚感情的结果。我们结婚后，会同心协力，更好地为发展祖国蚕丝事业贡献力量！”

郑辟疆与费达生结婚照

她一口一个郑师，充满了真挚感情，又博得了一阵热烈的掌声。

接着，郑辟疆和费达生一同向到会的达生父母行鞠躬礼，费达生父亲也上台讲了话……

简单而又隆重的婚礼结束了，舞台上深蓝色的大幕徐徐拉开，锣鼓咚咚锵锵地敲响了，文艺演出开始。可是观众们仍在为老校长和费达生的婚礼激动不已，一面品尝着喜糖，一面交头接耳讨论着。

啊！多年来蚕学界同人希望促成的姻缘终于成为现实了！

过了两天，南京、上海的报纸都刊登了新闻：蚕丝学者郑辟疆、费达生结为伉俪。

喜讯传遍全国各地，一封封祝贺的书信、电报从四面八方飞来：

“两先生平生为事业而奋斗，今为事业而结婚，其意义乃与寻常之好合不同。”

“你俩的喜事是蚕业界的喜事，你们的爱情是经过千锤百炼而成的，这纯洁的童贞的结合更值得人们珍视和尊敬。”

……

黄炎培也从北京寄来一首祝贺诗：

真是白头偕老，同宫茧是同心[①]。

早三十年结合，今朝已近金婚。

然而，婚礼毕竟过于简朴了，不摆酒宴，不收贺礼，没有妆奁，甚至都忘了拍一张结婚纪念照！过了一些日子，一位亲友给他俩补拍了一张。费达生父亲在放大的照片旁题了一首诗：

胜利之春结好盟，当初情谊是师生。

合龄百廿相差廿，同德同心老更新。

一百二十岁，多少个阴晴寒暑，经历了多少次雨雪风霜！他和她是怎样走过这漫长而坎坷的人生道路的呢？一对春蚕是怎样同心协力用生命来为人们创造美好的银白色的宫殿的呢？

---

① 同宫茧：又叫双宫茧，即两个蚕合结的茧。

二、新任校长

浒墅关是沪宁线上的一个小镇，像许多江南小城镇一样，古运河穿镇流过，两岸排列着密密的房屋，狭窄的街道上店铺林立，行人摩肩接踵。走出西岸的小街，岸边出现一片郁郁葱葱的湖桑林，簇拥着一排灰色的、式样新颖的瓦房。这就是江苏省立女子蚕业学校。正是由于这所学校的开设，这个原本丝毫不起眼的小镇日渐繁华，成为闻名遐迩的蚕丝业基地。

1918年春天，费达生已经是这个学校的三年级学生了。学校新来了一位校长。新校长年近四十，身材高大，容貌端正，身上的灰长衫、黑马褂干干净净。他成天板着面孔在校园里到处察看，不多讲话。初见此人，大家都觉得他很威严。不久，大家从教师口中得知，他叫郑辟疆，编著过很多书，是位有名的蚕丝专家。

新校长第一次给全校师生讲话就大讲嫘祖教民养蚕的故事。他说："现在列强称霸，中国被蚕食，山河破碎，百业凋敝。我们学蚕业的，要不惜献出个人的一切，把祖国蚕丝业发展起来！"

新校长认为妇女做事细心，适合从事养蚕，但体质弱，需要加强锻炼。他决定给女生们修建浴室，增设卫生间，并设置了秋千、浪木、网球场等运动器材和场所，鼓励女孩子锻炼身体。

1919年五四爱国运动期间，郑校长在操场上向全校师生发表了慷慨激昂的讲话。为了抵制日货，女学生们把头上用的进口发卡取下来，换上了竹簪子。第二天清早，郑校长又带领学生队伍向苏州进发，到城里去游行。

费达生就是从那时开始和郑辟疆有了接触，其中有这样一件事，让费达生给郑辟疆留下了深刻的印象。

当时学校有一位物理老师，平常上课照本宣读，学生们已经很不满意了。期终考试时，本来他指定的复习范围没有"电的原理"这一单元，而到考场上，黑板上却写了一道问"欧姆定律"的试题。学生们看见了，吵吵嚷嚷，说刚学过，没复习，不想考。这时有一位非常聪明的同学，很快在纸上写出答案拿给老师看，问他对不对。物理老师点点头，接着对大家说：“你们说不会做，这不是有人做出来了吗？这个题我不改。”

费达生在班里年纪最小，但学习成绩却不差，而且很要强。她看看那位好出风头的同学得意的样子，很不服气，心想，大家都提意见要改，你却逞能，让老师来批评大家……想到这里，她当即跑了出去，拿了本教材回到教室大声念道：“欧姆定律，导体内之电流强度与导体两端之电压成正比，而与导体之电阻成反比。”

“你要干什么？简直是破坏考试。”物理老师被气得脸红脖子粗，赶忙制止，但她已经把答案公诸于众了。

课堂里顿时一片哗然，大家一致为费达生的行为叫好，看见郑校长走过来了，才平息下来。郑校长问清了情由，叫物理老师另出了一道试题。

费达生考完试后被叫到了校长办公室。郑校长指着一张方凳叫她坐下，自己在室内踱了几步，责问道：“你这样做对吗？”

费达生低着头、噘着嘴不吭气。

郑辟疆背着手踱来踱去，好像在思考要怎样处理面前这个女孩子才好。深思了一下，他用严肃而温和的语气对费达生说：“你在课堂上采取这种举动是不应该的，是违反课堂纪律的，你仔细想一想吧。像你这样的做法，本来是要接受处分的，但你年龄小，又是初犯，这次就不处分你了，以后要注意，快去向老师赔礼吧。”第二天，郑校长又把费达生叫到校长办公室，进行了严肃的批评和耐心教育。

这件事让郑校长记住了这个聪明而倔强的女孩。

四年蚕校生活很快就结束了，毕业前夕，郑校长找费达生谈了一次话，问她毕业后的打算，鼓励她从事蚕桑事业。可是费达生回到家，家里有的大人不同意她养蚕，想让她找个更理想的工作，比如到振华女校去教体操或英文。在那个时代，妇女就业很困难，许多女青年读书是为了装装门面，从学校毕业后，找个男人嫁了，庸庸碌碌地度过一生。究竟该选择哪条道路呢？费达生十分苦恼。

就在这时，郑辟疆去到她家里，告诉她，省里给了女蚕校两个到日本留学的名额，路费和补习功课的费用要自家出，考取以后可以享受公费，现在还有一个名额未定，问她是否愿意去。

到日本去留学！费达生喜出望外，高兴得不得了！看她那高兴劲，郑辟疆知道她一定会去的，温和地笑着，对达生父母说：

“你们家里商量一下，如果达生去，就告诉我。”

费达生父亲多年担任督学，有薪水收入，但由于子女多，要送女儿出国留学仍有困难，不过还是准备向亲友借钱解决费用问题。可老祖母表示，达生的哥哥前一年已出去上大学，不想再让达生走。

“哥哥能出去，我怎么不能出去？”达生问老祖母。

“你是女孩子，跑那么远干嘛？”老祖母回道。

“女孩子怎么了？我就是要去！”费达生噘着嘴说。

费达生母亲过去长期从事幼儿教育，对女儿向来要求很严格，在事业上也很支持女儿，就对婆婆说：

“她们两个人一起到日本留学，正好可以做伴，让她去好了，不让她去她要发神经病的。”

三、一把铜茶壶

和费达生一同去日本留学的是郑辟疆的妹妹郑蓉镜。郑蓉镜是个圆圆脸庞、容貌秀丽的姑娘，郑辟疆很喜爱她，就叫她到女蚕校学蚕桑。她和费达生是同班同学，两人很要好，如今让她俩一起到日本去留学，郑蓉镜学蚕桑，费达生学制丝，两人都很高兴。

准备出国期间，有一天费达生去找郑蓉镜，适逢郑校长从外面回来。郑校长关切地问她准备得怎么样了。费达生回答，路费找姑父没有借到，外祖父答应给筹借，妈妈已经在给她改衣服，把一件红大袄改为对襟……他们边走边说，不知不觉进了郑校长的卧室。费达生是第一次来到这里，感到卧室是这样的简朴：里面靠墙一张高架子旧式单人木床，上面挂着夏布蚊帐，被褥虽旧却整洁；南面靠窗放着一张桌子，上面除了笔筒、毛笔、砚台、铜墨盒，没有其他珍贵的摆设；东南墙角立个书橱，一格书籍的前面摆着一个比小碗稍大一点的少见的铜茶壶。

费达生好奇地拿起茶壶端详起来。这是一把黄铜制成的小壶，底下有烟熏的痕迹，提把上有一寸多长为防止烫手而装的护木。小壶遍身没有纹饰，看起来不像文物古玩，而是普通人家的生活用具。费达生看着郑校长，好奇地问道："这么小的茶壶怎么用呢？"

郑辟疆接过茶壶，用手提起来说："你看，从前吊在油灯上面就可以烧开水了。"

"你现在还用它吗？"

"不用了，留着是个纪念，这是我进蚕学馆时从家里带出来的。"

"那有好多年了！"

"是的，有二十多年了……"

郑辟疆一手端着小茶壶，眼前浮现出当年母亲站在河岸上送自己前往杭州求学的情景……

郑辟疆是吴江县盛泽镇人。地处苏、浙两省交界处的盛泽镇，是江南享有盛名的丝绸之乡。镇西郊白龙桥石柱上刻着这样一副对联：晴翻千尺浪，风送万机声。到清朝末年，这里的丝绸市场仍是"蜂攒蚁集，挨挤不开，路途无驻足之隙"。郑辟疆的父亲是个屡试不第，以诗酒自娱，经常泛舟乡间为农民看病的儒医；勤劳的母亲终年织绸，卖绸所得是家中经济的一个重要来源。郑辟疆十六岁那年，到杭州去参加科举考试落第，便在离家不远的一个乡村坐馆当塾师。过了一年多，他听说杭州西湖蚕学馆招生，便要去报名。父亲执意不允，想叫他以后再去应考，弄个一官半职，好光宗耀祖。而以织绸为生的母亲却支持他去学蚕丝，给他炒了十多斤米，把洗干净的布枕套装得鼓鼓囊囊的，又给他装上这把小茶壶，送他上了船。那时蚕学馆有个规定，学生要试读一个月，经过考试合格，才算正式入学，并享受免费教育。那一个月里，郑辟疆从早到晚刻苦学习，肚子饿了就提着这把小茶壶打一碗开水，把炒米泡一下充饥。最终，他考出了优异成绩，正式入学，并取得了减免学膳费的资格。

郑辟疆考入蚕学馆是在1898年——中国近现代史上著名的维新运动发生的那一年。那时学习西方、修铁路、办实业、建学堂似一股浪潮席卷全国，杭州西湖蚕学馆就是在这股浪潮中兴办起来的全国第一所蚕桑学校，几名主要教员都是从日本请来的蚕丝专家。郑辟疆在两年学习期间，奋发努力，毕业考试名列前茅，毕业后又留校任教一年。为了振兴祖国的蚕丝事业，他于1903年去日本考察，参观了爱知、静冈等著名蚕区，访问了日本著名的蚕丝专家。他目睹日本蚕丝业蒸蒸日上，在国际市场上称雄称霸，而我国虽是蚕丝的故乡，如今却因政治腐败而百业凋零，蚕丝业墨守成规、每况愈下，深感痛心，立志要为振兴中国的蚕丝事业奋斗终生！

这把小茶壶凝聚着母亲的嘱托，也寄托着自己的宏图大志。

郑辟疆简单地讲述了自己当年上学的情形，把茶壶放回原位，回头问费达生：

“你还记得伏羲化蚕的神话吗？”

“记得的。”费达生很喜欢郑辟疆常讲的这个优美的故事。

“在日本有这么个传说，”郑辟疆接着讲道，“古代一位天皇派了个大臣出使吴国，使臣看见吴国出产的丝绸很漂亮，便寻求技术人员跟自己回国。吴王派去四位妇女，一位会栽桑，一位懂养蚕，一位能缫丝，一位善织绸，都是能工巧匠。从那以后，日本才有了丝绸。现在却是你们两位吴女要到日本学习丝绸技术了……”

“我们的蚕丝技术落在日本后面了。”聪颖的费达生领会了郑辟疆的意思。

“是的，你们学习回来，要立志献身我国蚕丝事业。我们学校将来要办高蚕科、制丝科，培养大批人才。我们应该赶上日本，最后超过日本！”郑辟疆一字一句，声音铿锵，深沉有力。

费达生虽然已经和郑辟疆很熟悉了，但在他面前仍很规矩，听了他的这番话，老老实实地点了点头。

费达生走出房间，想到刚才的一番话，既觉得肩上担子沉重，又很高兴，不由地哼起了郑辟疆请朋友撰写的女蚕校校歌：

经纶天下，衣被苍生，古文明功业创西陵。

意法日本，继起竞争，挽回利权谁之任？

勤则能进，诚则能成，勉兮哉校训服膺。

……

半个月后，费达生和郑蓉镜坐上了一艘开往日本的轮船。在寂寞的旅途中，面对波光粼粼、海鸥翱翔、一望无际的大海，两位年轻的姑娘拉起了家常。费达生问郑蓉镜："你哥哥为什么不结婚成家呢？"

"谁知道呢，以前阿爸、阿妈提过几次，听说老朋友也劝说过，他就是不答应，一门心思都在蚕丝上。"

"让他和蚕结婚吧。"费达生戏谑地说。

她何曾想到，她这辈子竟然也迷上了蚕丝，而且三十年后和郑辟疆结婚的就是她这条"蚕"！

四、主将的风格

郑辟疆为了培育出新的优良蚕种曾经呕心沥血，几度遭受挫折。在女蚕校教职员中，流传着一个"引咎自责"的故事。

郑辟疆在到女蚕校任职以前，曾经在山东青州蚕桑学堂、山东省立农业专科学校执教十二年。他先后编著了《桑树栽培教科书》《土壤肥料论》《蚕体解剖教科书》《养蚕法教科书》《制丝教科书》等八种教材，经大学院审定，由商务印书馆出版，发行全国，奠定了我国蚕丝教学的理论基础。要怎样将这些理论在实践中推广运用，进而改革、发展我国蚕丝业呢？他在日本考察时看到，日本的蚕种优良，结的茧又大又厚，缫出的丝质量好、成本低，而我国农村养蚕用的还是几千年流传下来的土法，自己留种，蚕种不断退化，茧质自然就差，所以他决心从改良蚕种入手。可是，他屡上条陈，当时的清政府、后来的北洋军阀政府都置之不理。他一到女蚕校，就结合学生实习，抓优良蚕种的培养。

1921年春天，学生们实习饲养了大量春蚕，开始小蚕生长得很好，大家看到事业发展了都满心欢喜，可是，几天之后发生了蚕病，蚕连续死亡。郑校长像自己的亲人生了病一样着急，把教员们召集起来"会诊"。大家有的说是原种[①]质量不好，有的说是蚕种保管不善和饲养方法有问题，众说纷纭，莫衷一是。郑辟疆遗憾地说："新蚕种推广工作又要耽误下来了。"为弄清原因，他决定把试验部和原蚕种部分开，加强原蚕种的检验，继续试养蚕种。第二年，他把自己住的房子腾出两间用来养蚕。经过再次试养，发现原种品质是好的，问题出在防病消毒技术上，大家认识才得到统一。郑辟疆写了一份检讨书，又用大楷毛笔誊抄出来，在纪念迁校10周年会议上，张贴在会场里。检讨书最后写道："此次失败，余身为校长，应引咎自责，望同人引以为鉴戒，对事业前途大有裨益。"校友们对郑校长这种严肃认真、严于律己的精神赞不绝口。

原种培养取得成功之后，郑辟疆开始指导开展推广工作。在那个时代，反动军阀政府对这些有关国计民生的事情是不支持的。郑辟疆以女蚕校为阵地，想尽各种办法，动员各方力量，发起了"蚕种革命"。

首先，他动员弟弟、妹妹也投身蚕丝战线。妹妹郑蓉镜从日本留学回来，就一直在女蚕校当教员。四弟郑子庚原来是学铁路测量的，郑辟疆动员他到浒墅关来，把自己的两间私房改造成蚕室，让他抓蚕种制造，起名"壬戌馆"。这是我国第一个蚕种制造机构。

一般职业学校哪有推广部呢！而郑辟疆在女蚕校设立了这样的机构，办理养蚕指导事宜。推广部从开弦弓、浒墅关开始，逐步扩大范围，

---

① 蚕种生产为三级制种制度。一般蚕农使用的叫普通种，生产普通种的母体叫原种，生产原种的母体叫原原种。

推广改良蚕种，指导蚕农用科学方法养蚕。每年一到养蚕季节，女蚕校学生都停课，带上行李下农村去，帮助蚕农养蚕。学校制定了专门的下乡工作要求，比如指导要启发蚕农自觉接受，不涉及地方纠纷，不使蚕农增加负担，尊重蚕农原来技术上的优点，等等。学生下乡后，宣传发动蚕农建立蚕业改进社或合作社，实行共同消毒、共同催青、稚蚕共育，有的地方还实行鲜茧共售、共同干茧，售茧时设立评茧台，和奸商压价收购、盘剥农民的行为做斗争。女蚕校还编印了《识字课本》《养蚕大要》《消毒法》《上蔟须知》等小册子，让学生们带到农村去，利用工闲空余时间办训练班，提高农村妇女文化知识和技术水平。[①]

郑辟疆热爱蚕丝教育事业。他说："学生投入蚕丝业战线愈众，蚕丝业必然更易改进。"他不但在教学中注意理论和实践相结合，使学生能学到真本事，而且帮助她们毕业后走上工作岗位。他有伯乐之才，知人善任。学生毕业前他一个一个地谈话，了解情况，鼓励她们从事蚕丝事业。学校培养的原蚕种，常常首先给本校毕业生办的蚕种场制成普通种推广；本校毕业生办的蚕种场制造的蚕种，学校帮助储藏、检验，检验合格的可加盖图章，学校再帮助介绍销售；毕业生写信到校请求帮助，他们都认真负责地给予答复。郑辟疆曾对费达生说："来信最多的毕业生，肯定是碰到了难以解决的困难，你们推广部复信更要及时、详尽。对于他们提出的一时难以解决的技术问题，再提交学校试验部研究。"每年校庆日，学校都会组织毕业生在一起互相交流经验。这样，毕业生和母校在感情上、事业上就有一条纽带紧紧联结在一起了。

为了改革发展蚕丝业，郑辟疆注重联合一切力量，没有门户之见和狭隘的宗派思想。有一年，上海郊区有两个留法回来的男青年办了个蚕种场，由于缺乏实际经验，他们养的蚕死亡率很高。郑辟疆闻讯后，鼓励其中一位青年继续干下去，又请他到学校来，多次交谈，介

---

① 民国期间江苏省政府农矿厅在1929年才指定各县抓养蚕指导，1930年制定了蚕种检查法规。此后女蚕校仍在吴江、无锡、江阴、武进等地设立指导区，继续开展工作。

绍经验，并把本校推广部的一位女子介绍给他做朋友。他们二人情投意合，很快就结了婚，一起到镇江另办了个蚕种场。有的老师打趣说：“郑校长唱了一出《甘露寺》，赔了夫人又折兵哇。”郑辟疆听了笑笑说：“我们就是为了蚕种发展，他们多办一个蚕种场有啥不好。”

郑辟疆是蚕丝教育家，也是改革的实干家；是蚕丝改革的倡导者，也是组织者。他们的事业顺乎时势、合乎群众的需要，所以发展很快。1924年春，女蚕校推广的改良蚕种只有几百张；到1926年，女蚕校以及沪宁沿线各蚕种场生产的改良蚕种达到约十万张；到1930年，达到一百四十多万张。在苏南，新蚕种取代土种占据了统治地位，并且传到浙东、皖南等地。

然而，主将的胸中自有战略宏图，在“蚕种革命”取得巨大成功以后，郑辟疆的注意力随即转向了制丝战线。

五、中国第一个农民合作丝厂

震泽街上有一个蚕皇殿，从前附近的蚕农每年春天都要到庙里去求神许愿，但蚕仍免不了病死。后来提倡土种改良，科学饲养，蚕养好了，农民们说：“不用求蚕皇了！”于是大家也不去烧香了。1924年，女蚕校在吴江县设立蚕种推广部，蚕皇殿成了费达生她们的养蚕指导所办事地点。前面大殿是办公室，工作人员在这里接受各个乡预订蚕种，解答蚕农疑难问题；后面是工作人员的住室。

有一天中午，从大门外进来一个人，三十出头的年纪，身穿西装，眉目清秀，仪表端庄，说是从上海来的，要见费达生。

“我就是，你有什么事？”费达生站起来说。

“你就是费达生？”他对面前这个剪着齐耳短发，身材瘦小的姑娘似乎不大相信。

“我就是，女蚕校推广部主任费达生就是我。”费达生笑着点点头。

他连问了三次，直至确信面前站的是费达生无疑，才自报家门说："我叫王志莘[①]，是江苏农民银行的负责人，因为郑辟疆递条陈要为开弦弓村农民建丝厂申请贷款，特地来看看。"

原来事情是这样的：费达生在开弦弓村指导农民养蚕，推广了改良蚕种后，又进一步搞土丝改良，帮助改进手工缫丝车，提高土丝质量。当地农民一向有缫土丝的习惯。她们把土丝卖给丝行，丝行再翻成干经，以"辑里乾经"之名，行销国外。（辑里属浙江省管辖，当地生丝在国外市场上很有名。）费达生又帮助组织了生丝精制运销合作社，在震泽塔寺开办了土丝改良传习所。几年之间，改良丝车发展到九十多部。费达生还设计了一种土烘箱，供农民烘茧使用。农民们看到生丝质量提高了，收入增加了，劲头越来越大，有些农民提出发展机器制丝。可是，经费如何解决呢？恰巧，江苏省农民银行刚成立，郑辟疆认识行长，就上了条陈，愿提供技术保证，申请为开弦弓村农民丝厂贷款。不料，条陈递上去不久，行长患急病突然去世，事情被搁了下来。王志莘这次来，就是办理这件事的。

王志莘要到开弦弓村去，费达生找了一条小船，陪他一同前去。

阳光照耀着深秋的田野，成熟的晚稻一片金黄，小船在河浜里轻轻地向西划去。一只只满载稻禾的小船从旁擦过。王志莘坐在船上，饶有兴味地听费达生讲述在农村指导养蚕、改良土丝的情况。

"你们现在办丝厂，机器怎么解决呢？"王志莘问。

费达生回答道："机器是女蚕校借给我们的。前几年在上海的广东资本家从日本进口了几十部缫丝机，本想办孤儿制丝传习所，结果没有办成，后来赠送给了女蚕校。郑先生得到这批机器，多次向省政府教育厅申请经费，开办丝厂，但教育厅置之不理，机器长期放在操场的草坪上，日晒雨淋。现在郑先生决定暂时借给开弦弓村的农民丝厂。"

---

① 王志莘：进步实业家，中华人民共和国成立后曾当选为第一届全国人民代表大会代表。

“丝厂是女蚕校和开弦弓村合办吗？”

“不，由开弦弓村农民办，我们只是技术指导。”费达生接着说，“农民推举理事负责丝厂的管理。收购的茧子先评好等级，付七成现款，等到加工后，生丝出售了，再按售价和各户股份分红。这样出丝率高，售价也高，农民的收入也就提高了，还能激发农民养蚕的热情。”

“唔，这样好！”王志莘满口称赞，又问，“你到这里工作几年了？”

“五六年了。”

“常年住在农村？”

“每年养蚕季节都来，这里事情不多就回学校去。”

“你是从日本留学回来的？”

“是的。”

“从外国留学回来能到农村工作，精神可嘉呀！”王志莘赞叹道。据说，王志莘后来回忆这次会面时说：“没有想到费达生是这么个小人[①]！”

王志莘到了开弦弓村，和农民理事进行了交流，又到选定的厂址去看了看。他很有正义感，对农民很同情，爽快地答应回去后就给予办理。

贷款很快批下来了。农民们利用冬季农闲，破土动工，修建厂房，搬运机器。厂房设计是费达生一手完成的。剥茧、煮茧、缫丝、复摇各道工序都由青年农民操作，技术由费达生教，只有机器安装她不懂。郑辟疆说：“我有个老师在杭州开纬成丝厂，只好求他帮忙了。”费达生又去杭州，从纬成丝厂请来了一个机匠、一个锅炉匠。

经过半年多的紧张工作，1929年夏初，春蚕结茧的时候，开弦弓村丝厂——中国第一个农民自办的合作丝厂的汽笛发出了第一声长鸣……

---

① 江南人所称的“小人”是孩子的意思，不是指“君子小人”中的“小人”。

开弦弓村生丝产销合作社选苗室

开弦弓村生丝产销合作社缫丝室

农民们喜气洋洋，燃放鞭炮，为丝厂举行了隆重的开工典礼。郑辟疆带了些教员也赶来参加。费达生陪同他们参观了各个车间、各道工序，为自己设计的丝厂开工而自豪。

郑辟疆对费达生的工作成绩非常满意，他自己为了学校开办丝厂，几次到教育厅要经费，都碰了壁，伤透脑筋，现在终于有个丝厂了！他高兴地说：“好！好！咱们学校开办了制丝科，也可以来这里实习了。”

汽笛呜呜，机声嘎嘎，一包包贴着“蜜蜂”牌商标的生丝装满船，向上海驶去……

想必大家知道著名社会学家费孝通教授的成名著作《江村经济》吧。当时费孝通就是由姐姐费达生介绍，住在开弦弓村丝厂里，凭借姐姐和当地农民的亲密关系，走家串户，搜集材料才完成这次社会调查的。

六、租厂搞改革

1932年初夏，费达生带着女蚕校制丝科十多个学生来到无锡，应乾甡丝厂的要求帮助他们进行技术改革。

费达生常常想起几年前参观上海一家丝厂时看到的情景：拂晓，天空星星尚未隐没，一个个女工一手拖着睡眼惺忪的十来岁的女孩子，一手提着饭盒，走进工厂，在雾气腾腾的车间里，女工缫丝，小孩在对面当打盆工[①]，管车[②]手握皮鞭在女工背后走来走去，一个小女孩打瞌睡，动作停下来，凶狠的管车端着滚烫的水兜头浇了上去。看到这一幕，她心痛极了，决心将来要换掉这些落后设备和野蛮的管理方法，改善工人的劳动条件。

费达生一行人到达乾甡丝厂后，分了几个组，有的拿秒表计时，有的用拍纸簿登记，先测验工人的技术，计划摸清底后再分别培训。搞了两天，已经测验过一半工人了，不料这天晚上却出了状况：厂里打电话到她们住的旅馆里，告诉她们明天不要来上班，工人要打她们。

翌日，晨光熹微，大家起了床，忙着梳头洗脸。费达生疑惑地想：工人为什么要打我们？是不是故意吓唬人？她决定自己先去看看情况。

---

① 打盆工：任务是将茧煮入锅内，用竹手剥茧，捞提丝绪，然后转入缫丝锅内。过去多用童工来做，故称“童工打盆”。

② 管车：即监工、工头。

天蒙蒙亮，凉风飕飕，街上行人、车辆稀少，她走到大洋桥跟前，无锡饭店的茶房[1]喊住了她："费先生，你到哪里去？听说工厂门口好多人，等着打指导员哩。"因为费达生在这家饭店住过，他认识她，但不知道她在厂里当指导员。

费达生听了一怔，停住脚步，随后走进饭店上到二楼阳台上，只见河对面工厂门口，昏黄的路灯下，影影绰绰，站着一群人，有的人手里还拿着棍棒。

她急忙给旅馆里的同学们打了个电话，告诉她们不要出来。她从饭店出来，想到桥上望一眼。有两个女工走过去，回头看看，交头接耳地议论：

"那不是指导员吗？"

"是她，快去叫人来！"

费达生脑子里念头一闪：不好！她们想抓我，怎么办？这时恰巧有一辆黄包车从西面过来，她慌忙招手叫黄包车停住，紧跑两步跳上黄包车，回到了旅馆。

过后她才知道，这次纠纷完全是几个管车煽动的。这些管车平时直接欺压凌辱女工，却在工人中散布谣言："洋学生要来搞改良，你们快没得饭吃了。""你们干得好好的，谁要她们来插一杠子，把她们赶走！"

当天晚上，费达生和同学们不得不搭夜车回到了浒墅关。

郑辟疆问清了情况，一面安抚大家情绪，一面又找厂主商量。厂主为了缓和矛盾，提出划四十部车作为训练之用，由学校派人去帮助培训工人。费达生第二次进了厂。可是训练工厂和厂里煮茧分不开，缫丝在一个车间，缫的丝送到检验间总被说不好。费达生怀疑管车捣鬼，把训练工厂缫的丝调换了。她带了一把丝到学校检验，结果质量完全合格。

---

① 茶房：旧时对旅馆服务员的称呼。

费达生拿着丝给郑辟疆看，气呼呼地说：

“他们背后捣鬼，明明这么好的丝，硬说不合格，干脆我们自己搞一个厂，我就不相信搞不好！”

郑辟疆知道，推广制丝改革和改进养蚕不同，推广制丝改革要和资本家打交道，必须想点新办法，可究竟要怎么办，他一时也拿不定主意，只是说：

“我们是要想办法打开制丝技术改革的新局面。”

过了不久，费达生经同学介绍认识了瑞纶丝厂资本家吴申伯。吴申伯二十多岁年纪，刚从美国留学回来，事业心强，有改良的要求，他们家在上海、浙江等地都开办有丝厂。费达生和他协商，把设在无锡玉祁镇的丝厂租给女蚕校管一年，完全由坐缫改立缫、大篗改小篗[①]。吴申伯爽快地同意了。可是无锡永泰丝厂厂主在背后“戳壁脚”，说：“费达生‘小来细’，只搞过小厂，大厂哪搞得了！他们改的立缫车，慢得不得了。”吴申伯一听，怕改糟了，生产受损失，挨长辈的骂，又想要改变原来达成的协议。

郑辟疆和费达生来到上海吴申伯公馆，在一间明亮、雅致的会客室里，和吴申伯进一步协商，他们一再向吴申伯说明制丝改革的重要性、迫切性。

郑辟疆说：“吴先生知道，最近十几年，日本制丝机械已经有过两次重大改进，普遍采用了立缫车，而我国的缫丝机还是几十年前从意大利引进的‘老牙货’，许多工序还是手工劳动。所以我国生丝在欧美市场上根本无法与日本竞争，优胜劣败，绝非偶然。我们认为，我国制丝改革势在必行、刻不容缓。”

“好，很好，”吴申伯说，“能改革好当然好了，就怕改革不易，还不如维持现状，家父也很担心哩。”

---

① 我国早期引进的意大利缫丝车为坐缫、大篗，到20世纪20年代日本对缫丝车做了很大改进，改为立缫、小篗。所以，坐缫改立缫、大篗改小篗是制丝技术发展史上的重大改革。篗，是绕丝的框架。

中等身材、圆脸庞、西装革履的吴申伯到底年轻、单纯，没有那种老奸巨猾的生意人气息，一谈话就搬出“家父”来。

“我们可以向令尊解释，立缫车的效果肯定好。要不然，日本为什么到现在还禁止这种机器出口呢。”费达生说。

“听说永泰丝厂改了个车间也不怎样。”吴申伯说。

“你不要听他们瞎说，”费达生说，“他们对外封锁，我们学校去人想参观一下，连机器也见不到。”

吴申伯提出在原有的基础上逐步改革。

郑辟疆做事向来注意稳妥可靠、因势利导，见对方不愿大改，也不勉强，便说：

“那就分两步走吧。我们先去几个人帮助你们把大簍改成小簍，不搞立缫车。我们学校实习丝厂搞立缫车，搞起来你看着好，咱们再说。”

“那好，那好。”吴申伯连连点头应允。

原来，女蚕校根据蚕丝业发展的需要，于1930年增设了制丝科。但是省教育厅却不增拨经费，至于设置实习丝厂，他们更认为是多此一举。郑辟疆只有自己想办法解决经费问题。当时，永泰丝厂愿给女蚕校贷款，条件是要把制丝科设在无锡，这样他们可以近水楼台先得月，占有技术力量。郑辟疆没有答应。永泰丝厂装了几部立缫车后，女蚕校派人前去参观，永泰丝厂封锁技术，引着大家在厂里转了一圈，关键地方不让看。大家回来后肚子气得鼓鼓的。费达生和制丝教师张复升等人决定自己研制。经费不足，郑辟疆个人捐献了五百元。经过努力，女蚕校终于研制成功两台女蚕式立缫车，建成立缫车间一座，装车三十二台。开工那天，郑辟疆把吴申伯请来参观。吴申伯看见立缫车生产的丝产量、质量都很优良，才同意订立合同，将瑞纶丝厂改名为玉祁制丝所，租给女蚕校一年，进行技术改造。

费达生带着几名技术骨干和一班学生来到了玉祁制丝所，她担任经理，原来的职员大多留任，只有管车的没有留。

在机械设备上，引进了日本半田式立缫车，由上海寰球铁工厂安装，然后由国内机械业自力更生制造，全部改为立缫车；同时对煮茧机、剥茧机、复摇车等各道工序所用的机械，都进行了仿造或改进。

在生活上，重视提高工人的地位，提高工人生产积极性，适当提高工资；上班时间由原来“六进六出”的十二小时减至包括学习在内的十小时；并建立了医务室、食堂、俱乐部、哺乳室、浴室以及工人宿舍，改善工人福利待遇。

在经营管理上，严格劳动管理，加强成本核算，从调动工人的积极性和改进技术来提高劳动生产率，增加生产，提高产品质量。

这一系列措施，让玉祁制丝所的改革取得了前所未有的成功。

玉祁制丝所改革的成功，在苏浙一带制丝业中产生了很大影响，有的丝厂远道派人来参观，邀请女蚕校派人去帮助他们改进技术。

七、抗日烽火

1937年，七七卢沟桥事变后，日军向上海发动了进攻，八一三事变爆发。中国军队奋起抵抗，战斗持续进行着。这时费达生正在震泽制丝所主持改革工作，每天既要组织工人生产，又要抽调出工人挖防空洞、搞防空演习，所以不常回学校去。到了11月初，炮声越来越近，镇上人心惶惶，传说纷纭。她决定回学校去看看情况。

这天清晨，她雇了一只小船回浒墅关去，经过苏州城里，看见市面上很混乱，她还没有在意。船到枫桥，她看见大路上中国军队在朝西撤退，人马、辎重、炮车密密麻麻、拥挤不堪，才觉得局势十分危急了。

船到浒墅关时，夜幕已降临，天空阴沉沉的，没有一点星光。费达生急匆匆地走进校门。学生们被疏散回了家，校园里冷冷清清的。郑辟疆和几个教员正在储藏茧种的冰库里商量茧种转移的事，一见费达生，惊诧地说：“你怎么来啦？我们明天就走了！”

“我回来看看，那面还在开工哩！”

“你赶快回去安排，”郑辟疆神色惊慌地说，“日本人已在金山卫登陆了，中国军队已经撤退，日本人一两天内就到苏州了。”

“那我马上走。”费达生记挂着自己费尽心血经营的制丝所和几百名工人，说着就要走。

“你……吃过饭没有？”

“不要了，船还在门口哩。”

费达生快步走到岸边，跳到船上，见摇船老汉正在船尾上淘米，准备烧饭，便说：“快别淘了，咱们赶回去。”

郑辟疆看着费达生的身影消失在黑暗中，忽然想到，漆黑的夜里，兵荒马乱的岁月，她一个妇女，一百多里水路，会不会遇到什么危险……他急忙赶到校门口，河边已经不见了小船。黑暗中，运河水浪拍击着堤岸，浪花飞溅，发出有节奏的声响……

第二天早饭后，郑辟疆带领在校教职员工把储藏的蚕种、贵重教学仪器搬到船上，每人携带了简单的行李，到太湖中间的马迹山去逃难。

船行不多久，就进入了烟波浩渺的太湖。湖水碧波荡漾，周围青山隐隐，山弯里树丛、竹林掩映着渔村，景色是多么秀丽啊！但是如今，湖中是逃难的船只，岸上是扶老携幼、身背肩挑逃难的人群，好像一幅秀丽的山水画被撕开了一道口子。郑辟疆站在船头，眼前的一切，使他心情沉重，国破家亡，人民流离失所，今后该怎样生活下去呢？

片刻后，郑辟疆转过身朝东南方向望去，视线被云雾笼罩的洞庭东山、西山挡住了。费达生矫健的身影浮现在他眼前：昨晚匆匆一晤，她就走了，此刻安全到达震泽了吗？路上遇到什么危险没有？他后悔没有再派一个人和她一同去，真是太惊慌、太粗疏了！如果路上出了什么问题，那可……

在马迹山农民家中暂住下来后，郑辟疆仍然悬着一颗心，寝食不安。日子一天天过去了，仍没有一点费达生的消息。他叫一位教员陪同，雇了只网船（渔船），到震泽去寻找费达生。

碧波万顷的太湖，冬日里即便是天气晴和，也是无风三尺浪。小船在风浪中一颠一簸地向着茫茫的东岸划去……

费达生那几天的经历的确很惊险。

她从蚕校冷库里奔出来的时候，脑子里只有一个念头：赶快回去！赶快回去！她埋怨自己太大意，没有想到情况变化得这样突然，敌人来得这样快。小船上只有一个老汉带着一个十多岁的男孩子，她叫老汉把船摇快些，再快些，恨不得立刻飞到震泽制丝所门前。

岸上人喊马叫，声音嘈杂，国民党军队像潮水一样昼夜不息地朝西撤退。在枫桥附近，岸上的军队喊着要用船，费达生说有急事，支应了过去。

“再碰到麻烦我来应付，你照常往前摇，不要理他们。”费达生对摇船老汉说。

后半夜天空落起了小雨，雨水淋湿了费达生的头发、衣服，费达生冷得浑身直发抖，她用一件羊毛衫紧紧裹住了身体。

小船行到平望附近的三叉河口上，岸上又传来嘈杂的说话声，抽烟的火光星星点点，一闪一灭，像是溃退的国民党军队的散兵。费达生正想叫老汉把船摇开，岸上传来吆喝声：“喂！把船摇过来！”

“别理他，快往前摇！”费达生对老汉说。

“听见没有？不过来老子要开枪了！”岸上的人又喊道，接着骂了一阵粗话。

砰！砰！岸上开枪了。枪声在寂静的夜里特别刺耳，子弹“哧溜、哧溜”地钻到水里。

“阿弥陀佛！阿弥陀佛……”摇船老汉吓得不住念叨着。费达生跪在船板上双手抓住橹绳帮他摇船，船拐了弯，才避开了射程。

再往前走，前面过来几艘大船，船上像有士兵。费达生和老汉商量，离天亮还有一个时辰，就把船摇到芦苇丛中去躲避。

拂晓，费达生回到震泽，立即吩咐同事赶快停工，要会计结账，等她从银行取回钱来好发工资。

费达生走进镇上的银行，银行一位职员问她取多少钱。

费达生回答："四千元。"

银行职员满口答应，说："前几天围着银行取款的人多，不敢往外拿，现在没有什么人，可以给你。"

缫丝车停止了转动。女工们聚集在车间外面，叽叽喳喳地议论着，乱哄哄的，大家脸上都带着惊慌不安的表情，见费达生走过来，都围了上去。费达生站在台阶上，给工人们讲日本人打过来了，叫大家领了钱就回家去，什么时候开工，听候通知。她想到还有十几个工人请假回家去了，又说："大家回去给他们带个信，如果隔三天没有事，叫他们来领钱。"

费达生把厂里一切事情安排妥帖，已经是过午时分。她和几位同事上了船，准备离开公路撤到开弦弓村去。在船舱里坐下来，她才觉得眼皮沉重，浑身疲劳极了，靠着行李直打瞌睡，但心里却感到轻松、舒坦，一切应办的事总算办完了。

第二天，费达生父母带着弟弟从苏州城里也逃到了乡下。全家人租了一户农民的堂屋暂住下来。过了三天，费达生想起原来说过要给未领工资的工人发钱，就和三个同事划船去震泽。船靠岸，她叫一个人骑自行车到平望去打探消息，两个人到丝厂去，她到街上去看情况。

往日人流如潮、繁华热闹的震泽街市如今死一般的寂静，商店全都关着门，有的还贴了封条，只有三四个卖瓜子、香烟的摆个小摊子坐在路旁。一个卖白斩鸡的小贩说："费先生，人都逃脱哉，你到哪去？"

"到镇公所去看看。"

"镇公所也没人了，你买只鸡吃吧，便宜来哉。"

费达生看见鸡很肥，就买了一只，刚拿上手，到平望去的人半路折转回来了，喊叫着："日本人来了！"她们赶紧跑上船，只听见镇子外面传来"呼隆隆"的不知什么响声，使人感到恐怖。他们把船划出一里多地，听见镇上枪声密集，鸡鸣犬吠，夹杂着几声撕心裂肺的叫声；又走了一段路，回头一看，镇子上空黑烟滚滚，直冲云霄……

震泽制丝所原来也是资本家开办的一所大型丝厂。资本家只知道从工人身上榨取血汗，既不采用先进技术设备，又不善于经营，每年只开工三四个月，后来干脆停办了。女蚕校推广部租用后，大力改革，刚开两三个月，日寇在占领震泽的当天就把它烧毁了，留下看厂房的一位老工人也惨遭杀害。

国民党军队节节败退，费达生父母觉得长久住下去势必当亡国奴，商议以后，就雇了两条船，带领全家向浙江天目山转移。

郑辟疆从马迹山来到开弦弓村，恰巧碰到送费达生一家到浙江去返回来的船民，才知道费达生到天目山去了。没有见到人，他心中不免惆怅，但知道她安全无恙，又宽慰了许多。

八、不当亡国奴

费达生和全家人在天目山过了新年，又跟着撤退的军队和难民队伍逃到皖南屯溪。走到这里，她乍一见学校操场旗杆上飘扬的中国国旗，感到特别亲切、高兴。可是，一想到和郑辟疆断了音信，不知今后该到哪里去，蚕丝工作该如何开展，她心里又很烦乱。有一天，她到街上转悠，看见一座小楼前挂了个“农民银行”的新牌子，像是从上海搬来的。她进去一问，打听到王志莘还在上海，他们经常有汽车到上海去。于是，她写了封信给王志莘，托他打听郑辟疆的去向。过了几天，王志莘回信说郑辟疆已经回到浒墅关。费达生便离开家人，绕道上海，去与郑辟疆会合。

郑辟疆在马迹山住了几个月，一来看到抗战是长期的，长住下去不是办法；二来春天到了，虽在沦陷中，但养蚕生产有关蚕农生活，指导所原来与蚕农订的合同不能不履行，所以又回到浒墅关来。他组织推广部工作人员，将各地预订的蚕种清点好，密运各地，如数发清。吴县旺米山养蚕合作社前一年秋季共同干茧后，有一半蚕茧存在蚕校仓库里，没来得及售出，见日本军队打来，只好转运光福等地分散储藏。如今，学校又去人帮助他们绕道长江，将蚕茧密运到上海脱售，然后把茧款装在热水瓶里偷偷带回来，按照交茧清单，一户一户分给蚕农。

费达生和郑辟疆又在浒墅关校园内会面了，惊喜之余，他们开始商量今后去向，最后决定：立即着手在上海租界内设立办事处，同时费达生先行入川，为学校内迁打前站，并设法打通关系，保护一批蚕丝技术人员到后方去服务。

匆匆会面，匆匆分别。费达生当即去上海请王志莘帮助她去四川；郑辟疆把学校遗留的事情处理完毕才到上海，在法租界卫乐园租了一座两开间的小楼，门口挂上“两校[①]驻沪办事处”的牌子，向各地发信，召集在农村、山区及上海避难的教师、同学，筹备复课。

这时候有个人到卫乐园来找郑辟疆。来人叫汤锡祥，从日本留学回来后，在无锡省立原蚕种制造场当场长。此人三十多岁，矮矮的个子，小圆脸，下巴颏往上翘，下嘴唇包住上嘴唇，其貌不扬，但脑子灵活，善于钻营。他在省立蚕种场几年并未搞出什么名堂，如今日寇打来，蚕场散伙了，他带夫人到了上海，听说郑辟疆在筹备蚕校复课，便上门来找事情做。由于有些教学人员已去内地或者在家未归，学校教员紧缺，且在困难时期，理应彼此照应，郑辟疆就叫他担任教导主任。可是，汤锡祥住在外面，交往的人很多，平时经常不到学校来，来了也只是在会上发一通议论，懒得干实际事情，大小事情都推到副教导主任身上。副教导主任不断向郑辟疆发牢骚。郑辟疆只是把气闷在肚子里，帮助副教导主任把各项事务处理了。

同学们陆续来了三十多人，编成三个班，大多在亲戚、朋友家住宿，白天借弘毅中学的教室上课，总算是开了学。

日寇拉拢中国人在占领区建立汉奸政权，汉奸头子汪精卫暗中进行投降活动。一天晚上，有位头戴礼帽、身穿西装的陌生人闯进了

---

① 1935年女蚕校增设高丝科，又挂“江苏省立制丝专科学校”的牌子，故称“两校”。

卫乐园，寻找郑辟疆。郑辟疆把他领进住室，他从衣袋中掏出一封信，说："×委员叫我来见郑先生，他有封信给您！"

郑辟疆一听人名，大吃一惊，这是一位曾经当过国民党中央监察委员的大汉奸。他从前去日本考察时认识这位委员，但并无深交，多年来也没有联系，这次这委员来信就是介绍这个陌生人和他见面。

不速之客坐在椅子上，手指头弹着桌面，贼头贼脑，目光在这狭小的房间里扫来扫去，说：

"在这里生活很困难吧？"

郑辟疆把信折叠起，装进信封，顺口回答了一句："还好。"

"你为什么要离开浒墅关呢？"不速之客脸上现出诡谲的笑容，继续说道，"日本人知道你的大名，他们一到浒墅关，就往你家门口派了岗哨，你该知道是为什么。"

"那时我不在家里。"郑辟疆冷冷地说。他从马迹山回来，就听说日本军队刚到浒墅关时，曾在他家附近设了个岗哨，也不知是何用意，过了两天就撤走了。

"你可以回去重新开始嘛！"不速之客观察了一会儿郑辟疆的反应，继续说，"如果你不愿意在学校待下去，其他方面也好说。×委员很器重先生的为人、才学。现在时局混乱，我们希望你能出来维持局面，做些事情。"

郑辟疆听着，不由胸中升起一股怒火。他虽然一心扑在蚕丝上面，但支持他行动的是一颗火热的爱国心，是振兴中华的决心。他不愿当亡国奴，更不会到汉奸政府去做官，给日寇当走狗。在他离开浒墅关前，苏州市一些汉奸正在四处活动，策划成立伪江苏省政府。有个家伙曾经找过他，被他严词拒绝。他躲到租界这个"孤岛"上，谁知还是被找到了。想到面对的是身居高位的×委员派来的人，他抑制住胸中的愤怒，婉转地说："辟疆多年来从事蚕丝教育，不过问政治，况且是老朽之人，没有多少用处，请转告×委员，实在难以胜任，有负重托。"

不速之客恬不知耻地继续大讲赞美日军的汉奸理论，并且说："沦陷区内也是中国的土地，作为中国人，我们同样是为中国人做事情……"

郑辟疆听着，十分气愤，他想起一件事。两天前，蚕校一位教员路过外白渡桥，因为没有向日本军队的岗哨行礼，被日本官兵打了两巴掌，回来后痛哭流涕地一讲，在师生中引起了一阵激愤。于是他打断来客的话，说："沦陷区内的是中国同胞，但他们在被奴役、被宰割，我决不会做违背中国人良心的事情！"

不速之客脸上显出难堪的神色，一时张口结舌，说不出话。过了一会，他起身告辞，并说："来日方长，请先生慎重考虑，我们改日再会。"

看着那鬼鬼祟祟的身影走出弄堂口，郑辟疆警觉地向四周看了一眼，立刻想到，近来租界日寇特务和汉奸活动猖狂，他们会善罢甘休吗？他们肯定还会来纠缠，甚至会使出毒辣的手段……

看来租界也不安全，不宜久留了，可是到哪里去呢？学校怎么办？费达生到四川去找到落脚的地方了吗？此时此刻，他更想念她了。

过了些天，一位从重庆来的人送来了费达生的一封信。信的内容很简单，就是叫郑辟疆速去四川，发展事业。

郑辟疆看罢信，喜得合不拢嘴。他打算带一部分人员先去四川，留下的教师、学生叫汤锡祥负责，分批迁移。

九、一束"沱桑"

费达生在王志莘的帮助下来到了重庆。因为有王志莘的一封荐举信，第二天，四川省丝业公司一个副经理坐了小汽车到旅馆，拿出红帖子聘书，聘请她担任公司的制丝总技师，还给她预备了一套房子。一向在农村、工厂奔波的费达生突然受到这样优厚的待遇，真有点受宠若惊！

费达生是闲不住的人，没有事情做最感到难受。她要求到工厂去看看，副经理总是说："不忙，不忙，你先好好休息。"再一问，才知道除了一个丝厂在磁器口外，其余的都散布在各地。在费达生的再三催促下，副经理陪同她出来视察。他们出门有汽车，下车坐“滑竿”——长长的两根竹竿，中间一个躺椅，前后各一人抬。到了工厂，前呼后拥地许多人陪，摆酒设宴，猜拳行令，要占去大半天工夫，到生产车间去的时间很少。费达生对官僚、商人那种阿谀奉承、虚情假意应酬的一套作风很看不惯。有一天，她接到王志莘的电话。王志莘问她情况，她苦恼地说：“我在这里做官，不习惯呀。”

“有官做还不好吗？”王志莘开玩笑道，接着又说，“你先干下去，再想办法吧。”

四川省丝业公司下面有十个丝厂，费达生去看过六个，这些厂的设备都比较落后，最先进的一个采用的是她参加研制的女蚕式立缫车。工厂使用的原料还是土茧，说明四川蚕丝业改进也要从养蚕抓起。

费达生记着郑辟疆交代的给女蚕校找个落脚地方的任务。四川省丝业公司可以安排一些技术人员，但不愿接收一个学校。江苏有个流亡政府在四川，本身也自顾不暇，更不愿管事。她又到昆明去看弟弟，顺便看看蚕校能不能迁到那里。她从弟弟口中得知，清华大学、北京大学搬到大后方都没有安定下来，小小的女蚕校当然更难安排！

费达生回到重庆，有个同学帮她找到了一个门路：新生活运动妇女指导委员会[①]设立了一个生产指导组，要在川南乐山建立蚕丝实验区，有人推荐她担任主任，郑辟疆担任顾问。费达生在四川蚕业改进社一位同学陪同下，跋涉千里，来到了川南。她们到了青神县汉阳镇，路旁田坎上、山坡上，一行行、一排排绿葱葱的桑树吸引住了费达生的目光。她走到桑树下细细看，这里的桑树和湖桑不同，桑叶比

---

① 新生活运动妇女指导委员会，简称新运会妇指委会，是国民党建立的一个组织。抗战期间，共产党和一些进步人士也参加其中的工作。

湖桑叶大得多，简直如同葵花叶子一般。她问道：“这是什么桑树，长得这么好？”

“这叫‘沱桑’。”与她一起前来的同学回答。

“有这么好的桑树，只要蚕种好，一定能养好蚕。”费达生兴奋地说。

费达生站在桑树下，越看越喜爱，情不自禁地攀住树枝，摘下一束鲜嫩的桑叶。她觉得乐山是继续从事蚕丝工作的好地方，比起在丝业公司当“官”，这里虽然很苦，但是更有意义。她要把桑叶带回去，郑辟疆一来就拿给他看。

费达生回到重庆，把那一束桑叶像鲜花一样插在玻璃瓶里，放在桌子上。她兴奋地拿起笔给郑辟疆写信……

郑辟疆一行从上海到重庆要绕道香港、越南海防，先乘轮船再乘火车、汽车，辗转万里，到达重庆时，距他们离开上海已经过去了两个多月。费达生一见他们，就开始谈在乐山设立蚕丝实验区的事，并且拿出了那一束“沱桑”。那桑叶放了两个月已经干枯了，失去了鲜嫩的颜色。郑辟疆拿在手里仔细看看，也很喜爱，笑着说：“唔，乐山桑叶大如席呀！”费达生会心地笑了。

一束“沱桑”从一个人手里传到另一个人手里，像什么稀罕物似的。是的，哪有一个从事蚕丝工作的人不喜爱桑叶呢？

大家说起从上海来时一路的情况，费达生又讲了这样一段故事。她来时是经香港、武汉走的，当时国民党政府机关正在往重庆迁移，她到武汉航空公司售票处去买票，工作人员说到重庆的三天之内的票都售完了。好说歹说，他们也不肯想办法给解决。她只好灰心丧气地走出了售票处，刚好碰上从重庆回来的王志莘。王志莘听她讲明情况，说：“我进去联系一下。”经过交涉，航空公司同意从当天一班飞机上取下一个邮包，把她装上。郑辟疆听完伸出一个指头点着她，逗笑说：“你呀，正好抵一个邮包！”

大家看看费达生小巧轻盈的身材，又想到她几个月来东奔西跑的辛劳，哈哈笑了起来。

然而，大家内心感激她总算给学校找到了一个“国难期间”可以落脚的地方。

十、战地之恋

抗战期间，费达生、郑辟疆先后辗转万里，经香港到达四川，女蚕校也内迁到四川乐山。乐山地处岷江、青衣江、大渡河三条江、河的汇流处，城外乐山大佛是闻名全国的古迹。蚕丝实验区设在嘉乐门外半山上的五圣寺，女蚕校在牛耳桥，相距三四里地。费达生刚去时，经费很少。四川省丝业公司拨给了她们一批茧壳，她们找人做丝绵卖，才得以立下脚来。

乐山蚕丝实验区包括乐山、青神、眉山、犍为、井研、峨眉、夹江等七个县。由于过去四川几派军阀割据一方，四川省丝业公司也控制不了川南的蚕丝业，所以这里养的蚕还是土种，有两个丝厂一年只开工几天。实验区成立后，在七个县设立了蚕业指导所，在乐山等三县设大小桑苗圃七所，蚕种制造厂两所，在农村大量推广改良蚕种，并

抗战时女蚕校内迁四川培养的毕业生

帮助乐山的两个丝厂进行了技术改造。女蚕校也在当地招生，开设了养蚕、制丝各一个班，培养了一批专业人才。

费达生曾向四川省丝业公司要求辞去制丝总技师的职务，对方没有同意，但她的主要精力放在了实验区的事情上，又像在苏南时一样，常年奔波在农村。

有一年夏天，费达生在青神县汉阳镇指导养春蚕结束的时候，有位中年农民听她常讲在江苏饲养秋蚕，便指着茂密的桑叶说："费先生，你不能帮助我们也养秋蚕吗？"

费达生摇摇头说："没得办法，你们这里没有冰雪，没法修建冷库呀。"

提到饲养秋蚕，应该说明的是，这也是郑辟疆的一大功绩。从前我国农村只养一季春蚕，蚕种靠自然孵化。而要饲养秋蚕，蚕种必须经过冷藏，然后取出来在盐酸池中浸过，这叫作人工孵化。郑辟疆和费达生在抗战全面爆发前曾请日本一位专家来帮助，在浒墅关学校内修过一个冷库，并带领学生到江阴、无锡农村去宣传、推广秋蚕。这样，夏秋生长起来的桑叶得到了利用，使蚕茧产量大增。那时的冷库没有用阿莫尼亚的制冷机，就靠把冬天水塘里结的冰块搬放到里面去，起冷冻作用。到四川他们也想过推广秋蚕，只是这地方气候暖和，冬天不见冰雪，蚕种冷藏问题解决不了。谁知这位对科学养蚕十分热心的农民却出了个主意，说："费先生，我们可以到峨眉山上去修冰库，山上有雪。"

"那要跑多远呢？"

"不就百十里路吗，你们只要同意，我带你们去看看。"

费达生回来后，同郑辟疆商量，大家觉得是个办法，就请这位农民领路到峨眉山去勘察。

经过实地勘察，他们决定在金顶下一座古老的寺院旁边修建冰库，在著名的风景点洗象池附近修个浸酸池。

冰库、房屋建好，已经到了冬天。他们把山上的雪压成大砖那样一块一块的，经过一夜冻结，再搬进冷库堆积起来。就在搬运冰块的那天，费达生看见上冷藏库的几个台阶上撒了冰屑，路面很滑，工人背着冰块很难走，她就站在几个台阶中间，一手抱住一根柱子，伸出另一只手把工人一个个往上拉，助其一臂之力。房间里空气有点闷，干了一阵子，她额上出汗了，仍坚持着干。等到冰块搬完，她往外走时，只觉浑身疲软，气喘吁吁，胸膛发闷。她扶住门口的一棵大树，咳嗽了两下，一股黏液涌上喉头，脚下出现两口鲜红的血痰……

同事扶她坐下休息了一会，送她下山，到苏稽蚕种场去休息。

郑辟疆到重庆去联系工作刚回到学校，一位女教员告诉他："费达生吐血了，你去看看她吧。"

"啊！怎么搞的呢？"郑辟疆猛吃一惊。

"听说在山上吐了两口血，可能是肺结核哩。"那时候肺结核是一种令人恐怖的恶疾。

郑辟疆放下提包，立即向实验区的五圣寺走去。

多年共同从事蚕丝事业，郑辟疆对费达生产生了深深的爱慕之情。但他想自己是校长，和一位女学生结婚，而且年龄相差二十多岁，对外界会产生什么样的影响呢？再说自己年轻时就下过决心，不把祖国蚕丝事业发展起来就不谈个人问题，现在事业正在展开，自己怎么能沉湎在爱情中呢？所以，他把这种感情深深埋藏在心底，不曾表露过。然而，只有他自己知道，这种感情就像沉寂的火山里的熔浆，不是在熄灭，而是在与日俱增地蕴积着。

郑辟疆赶到实验区，才知道费达生在苏稽蚕种场休养，两地相隔二三十里，他只好又返回学校。

第二天，郑辟疆乘一辆黄包车来到了苏稽蚕种场。这里几个工作人员都是从江苏逃难来的女蚕校毕业生，她们把老校长领到费达生住的楼上的房间里。

费达生躺在一张小板床上，身上盖着床浅蓝印花布面被子，面色蜡黄，短发披散，显出恹恹病容，看见郑辟疆来了，才披衣起身。郑辟疆问道："你感觉怎么样？"

"没啥，就是当时有些难过。"费达生见郑辟疆来了，很激动。其实，她敬慕郑辟疆，也看出郑辟疆对自己有一种特殊的感情。

"你平时不大咳嗽，是肺结核吗？"郑辟疆焦急地问。

"不知道怎么搞的，搬了一会冰，有些难受，就吐血了。"

"那是在山上累坏啦，"郑辟疆像教育小孩子似的说，"做什么事都要量力而行，适可而止，过度了损伤身体，于事无补。你就是那样，做起事来不顾一切……"

"也没有做什么事呀。"费达生说。

"你就在这里休养吧，这里安静些。不要回办事处去，那边事务杂乱，休息不下来。"郑辟疆转过身来，又对蚕种场一个工作人员说，"你们好好护理，不要叫她下床。"

"你放心，我们像伺候坐月婆子一样伺候她哩。"蚕场工作人员笑着说。

工作人员下楼去了。费达生问起学校情况，郑辟疆说："前几天蚕校有个四川学生夜里被国民党便衣抓走了。学校在乐山打听不出下落，派人到成都去，才打听到是成都特务机关来人抓的。这个学生常给报纸写文章，他们说他是共产党。学校费了很大劲，把他保释出来了。"

费达生在妇女指导委员会开会时，见过共产党的代表，对共产党印象相当好，她知道共产党是抗日的队伍。

"那保释出来怎么办呢？"

"我们让他留在蚕校，继续学习。"

"哦！"费达生松了一口气。

"我在重庆见到了黄炎培，"郑辟疆说，"黄炎培多年提倡职业教育，我们有交情。听黄任老说，他准备到延安去看看，听说那里官兵平等，军民融合，农民对共产党、八路军很拥护……"

郑辟疆谈了在重庆的见闻，又安慰了费达生几句，才恋恋不舍地走出房门。

费达生听着木板楼梯上“咚咚咚”的脚步声渐渐消失了，接着是郑辟疆和工作人员说话的声音：“多给她买些鸡吃……一天一只！啊……”

费达生微微笑了，然后热泪盈眶，一股暖流流过心田……

冰库建好了，明年可以下乡推广秋蚕了！

十一、胜利重光

1945年12月中旬的一天，郑辟疆搭乘飞机回到上海，住在苏州河畔的一所普通旅馆里。

日本宣布无条件投降后，他就同有关方面联系乐山实验区和女蚕校招收的四川学生的移交事宜，准备将学校迁返浒墅关。他把具体事情都交给费达生去办理，自己先行回来。他归心似箭，急于回到浒墅关，看看几年来日夜思念的故旧亲朋，看看工作、生活了多年的校舍、工厂、湖桑林……

第二天早饭后，郑辟疆正准备去火车站，西装笔挺、皮鞋锃亮、头发油光的汤锡祥到旅馆来看望他。

汤锡祥在几年前从上海到了江西铅山顾祝同的第三战区长官司令部。顾祝同成立了个“苏浙皖蚕业复兴委员会”，自任主任，让汤锡祥当副主任。其实这委员会是虚设机构，并没有干一点实际事情，然而汤锡祥找到了靠山，获得了高官厚禄，抗战一胜利，就到上海当了接收大员，独揽大权了。

汤锡祥接收了日伪的华中蚕丝公司，正在筹建中国蚕丝公司。他知道郑辟疆在蚕丝界德高望重，桃李满门，就想把郑辟疆拉到自己身边。郑辟疆表示自己想继续从事教育事业，婉言谢绝了到中国蚕丝公司工作的邀请。

当天下午，郑辟疆回到了浒墅关，走进女蚕校大门，心突然冷却了。他一眼看到南面原实习工厂只剩下一堵堵残垣断壁，地下一堆堆破碎砖瓦块，机器、锅炉早已被盗卖一空，学校的两幢楼房也被烧毁了，只有几座平房保存得还算完整；再往前走，在自己住房和蚕种场之间的空地上，有个小池塘一般大的炸弹坑，坑底积聚着一潭污水……

郑辟疆呆呆地站在荒凉的校园里，从前那轧轧的机器声，同学们琅琅的读书声、嘹亮的歌声仿佛还在耳畔回响，而眼前却是一片废墟，满目疮痍。

郑辟疆想起抗战全面爆发前，日本国内报纸上登载过这样一条消息：中国在苏州附近的浒墅关培养学生，深入民间指导养蚕，与日竞争。前几年，日寇在《华中蚕丝报》日文版第七期上刊登了震泽制丝所的一幅照片，题目是《抗日者之罪状——化为废墟后之震泽丝厂》。他胸中涌起愤怒：日本强盗，用炸弹来竞争，而且还借机污蔑抗日军民！

日寇烧毁了占领区内中国人办的几所立缫丝厂，包括女蚕校推广部帮助建立、改造的开弦弓丝厂，玉祁、平望制丝所。唯独日商经营的瑞丰丝厂完好无损。这时，中国蚕丝公司要接收瑞丰丝厂，与郑辟疆商量相关事宜。郑辟疆推荐费达生参加接收工作。

费达生在四川接到电报，提前回到苏州。她一听说要去接收瑞丰丝厂，高兴得不得了，立刻赶往浒墅关。

郑辟疆之所以推荐费达生负责接收瑞丰丝厂，是因为他不仅知道费达生有担当此任的能力，而且了解她和瑞丰丝厂有一段特殊的缘分。

瑞丰丝厂设在苏州城南、运河南岸的青旸地，苏州人称那里为"洋关"。当年清政府和日本签订丧权辱国的《马关条约》，同意苏州也作为对日开放的商埠，这地方就为日本占用了。

郑辟疆一见费达生就说："日本人在苏南把中国人的丝厂都烧光了，唯独他们的这个丝厂完整无损。你去接收下来，以后我们学校制丝科可以去实习，也可以把它作为我们的教学基地。"

费达生带着几位同事以胜利者的姿态，骄傲地跨进了瑞丰丝厂的大门。她摘下“瑞丰丝厂”的招牌，挂上“苏州第一丝厂”的大牌子。这个工厂已经停工好几个月，房屋破旧，机器锈蚀，锅炉漏水，缫丝车间一堆堆废弃脚料发出一股霉味；宽敞的仓库里堆满棉花、药品，都是日本人从全国各地搜刮来、想运而来不及运往日本的物资；只有一个角落里堆放着一万多包茧子。身为厂长的费达生和大家商量后，四处召集工人，修理设备，掉换陈旧机器。经过一个多月的努力，丝车终于开始转动了。然而中国蚕丝公司的副总经理汤锡祥，只要赚钱，不管工人死活。费达生按照从前办玉祁制丝所的做法，提出要盖工人食堂、宿舍、托儿所，汤锡祥均置之不理，而且放出口风，不允许把第一丝厂变成女蚕校的教学基地。

费达生去浒墅关，把自己对中国蚕丝公司的满腔愤怒向老校长倾诉。

彼时，郑辟疆也是满腔愤怒。这几个月，他主持制订了复兴计划，包括重建校舍、蚕桑实习场、制丝实习工厂和整修桑园，并准备当年秋季正式招生，可是省政府拨下的教育经费却微乎其微。国民党反动政府正忙于发动反共反人民的内战，哪里肯为蚕丝教育的复兴多花一分钱。

无奈，郑辟疆想先把制丝实习厂建起来，以厂养校。他向中国蚕丝公司贷款。汤锡祥答应尽力支持，可拖延了三四个月后，又借口现金困难，断然拒绝。郑辟疆不得不转而向银行和新生活运动妇女指导委员会贷款。

郑辟疆很少向别人发牢骚，即使在共事多年、志同道合的亲朋故友面前，他也能沉住气。他听费达生讲完，更看清汤锡祥不是真心搞蚕丝事业的人，便说：“你找个适当时机回来吧，我们实验丝厂建起来还由你负责。”

1947年的元旦在凄风苦雨中将要来临。蒋介石发动的全面内战将国统区人民置于水深火热之中，物价飞涨、货币贬值，人们怨声载道。一天中午，第一丝厂女工们聚集在一起吃午饭，嘀嘀咕咕议论着：“米价又涨了，新年没法过哉！”

“阿爸生病在床，没有钱抓药，阿妈哭红了眼……”

“听说上海纱厂、丝厂工人罢工了，要求增加工资。”

“我们去找厂方，年终要发奖金。”

……

费达生听到工人们的议论，便从房中走出来。一群女工立刻拥到她面前。费达生听了工人的要求，给大家说：“这个厂是我们从日本人手里接收过来的，大家把生产搞起来了，这是中国人的光荣。经济上我向来不管，我去跟上面讲，要求发奖金。大家先不要停工。”

工人们听了很满意。她们当中有不少人是过去震泽制丝所、玉祁制丝所的老熟人，吃完饭就去上工了。

当天晚上，费达生已经躺在床上准备睡了，楼梯上响起一阵杂乱的脚步声，“砰砰——砰砰——”，有人在敲门。她穿好衣服，打开门，一群职员拥了进来，他们也是来要求发奖金的。

“我们还有十件丝，先不要往上海送，中国蚕丝公司不答应给奖金，我们就不送。”一个职员说。

“这样做不妥当，”费达生说，“丝照送，我去找公司要钱。”

一位汽车司机说：“那我们明天开汽车过去，请费先生一同搭车去。”

第二天，费达生搭乘运丝货车来到上海。汤锡祥表面上对她很和善、很客气，但对发年终奖金的要求，却哼哼哈哈，一再推托：“现在生意不好做，有的厂亏损严重，经济拮据。我要问问看，不知道有没有现金哩！”

“我们厂生产是正常的，你找会计，我们可以在上海结账。”费达生说。

“公司下面不是一个厂，要是给你们少数人解决一点好办，工人多……”

费达生听出他的恶毒用心，立即说：“我一块钱奖金也不要，但你必须给工人发。”

汤锡祥仍然耍滑头。费达生义正词严地说：“汤经理，第一丝厂从日本人手里接收过来时，是什么样的烂摊子，你应该知道。我和工人们一起努力，使生产走上了轨道。我要盖工人宿舍、食堂，你不批，今天的奖金你一定要答应我。不然我对不起工人，这个厂长我也不当了。”

汤锡祥迫于无奈，最后答应给五万元作为奖金。

费达生把钱带回苏州，给工人、职员发了年终奖，随即辞去厂长的职务，回到了浒墅关女蚕校。

十二、春夜运茧款

1949年春天，隆隆炮声像春雷一样震动了江南大地。江南人民盼来了解放的这天。当解放大军经过浒墅关车站时，年近古稀的郑辟疆带领蚕校师生一起去欢迎。他看见解放军官兵一律穿黄布军装，个个容光焕发，是那样昂扬威武、朝气蓬勃，是那样待人和气、教养有素，他感到新鲜、高兴。尤其是队伍中还有许多身穿军服、帽檐下露出短发的年轻女兵，更使他这位多年主张妇女要有职业、能独立生活的女蚕校校长深有感慨。他预感到一个改天换地的新时代到来了。

从车站回来，郑辟疆布置女蚕校各部门负责人赶快造好人员、财产清册，以备向新政府移交，同时宣布为建立实习丝厂而与新生活妇指委会建立的合作经营代缫合同停止生效。

党和人民政府十分重视郑辟疆几十年来对发展我国蚕桑丝业做出的杰出贡献，苏南人民行政公署在无锡市一成立，就邀请郑辟疆担任行署委员。

俗语说：“麦黄半月，蚕老一时。”这时蚕事已临近售茧时期。郑辟疆向行署领导建议要抓紧部署收茧工作，以免贻误时机，造成蚕农、国家两方面的损失。上级领导极为重视。当时人民银行已准备了大量现钞，但因为工作人员缺乏，交通不便，路途中常有国民党的散兵、土匪出没，来不及发到各地。而且无锡到苏州市的火车也不通。郑辟疆和费达生主动提出雇一辆汽车，由他俩连夜送去。负责同志同意了。

一辆黑色小汽车停在行署办公地点大院内，一捆捆像书籍一样包扎严实的钞票搬到了车上。为了安全起见，他们对司机也保密，告诉他是运宣传材料。

一位身穿粗布制服的年轻工作人员把介绍信、有关手续办好，递给郑辟疆，感激地说："你们老两口辛苦了！"

郑辟疆知道这位同志误会了，局促不安地说："我们不是……"

费达生也庄重地接着说："我们都是做蚕丝工作的！"

"啊，啊……"银行工作人员歉意地笑一笑。

小汽车开出无锡城，在苏锡公路上飞驰着。车灯射出的白光照亮了平坦的砂石路面，两旁的树木、房舍、秧田迅速向后退去。

江南五月之夜，田野里秧苗在生长，将要成熟的小麦孕育着饱满的籽粒。微风过处，淡淡清香，飘然而来。田埂上的青蛙看见灯光，"扑通扑通"跳进水里，"呱呱呱"，叫声喧天。

坐在前面的费达生想起刚才银行干部的误会，心里有些不平静。是的，这种误会已经不是第一次了，熟悉的同事、亲朋也曾有过很多议论，甚至在抗战胜利他们回到江苏的时候，原来留在上海的同事中间就刮过一阵风，说"郑辟疆和费达生在四川结婚了"。人们信以为真，直至听到她说没有，倒感到惊奇："啊！没有呀！唉……"好心的朋友总要表示遗憾，然后便从中撮合。这时费达生总是大大方方地说："郑校长是我的老师，我敬重他，我们只是事业上的合作伙伴罢了。"当然，那些流言蜚语不在她面前说，她也就装作不知道，置之不理，一如往常。她看出来，郑辟疆似乎也是这个态度。

其实，郑辟疆很爱她，但在她面前从没有表示过。她也听说，同事们都希望他俩结合，而郑辟疆没有答应，怕给事业带来不利影响。可是不久前她想起一件事，就是十多年前郑辟疆在逃难中，从马迹山乘船到震泽去找过她。她奇怪的是，在浒墅关会面后，郑辟疆竟没有告诉她这件事，在四川几年也从未提起，他的爱情竟然在心底埋藏了十多年啊……

“为了发展祖国的蚕丝事业，不惜献出个人的一切！”郑辟疆当年慷慨激昂的讲话还在费达生耳畔回响。岁月如水，多少年过去了，依然如此。

小汽车猛一颠簸，费达生从沉思中醒过来。她回头一看，郑辟疆两眼圆睁，注视着前面的道路，一只胳膊搭放在“货物”上面，仿佛怕被人拿走一捆似的。

郑辟疆此刻也很紧张，心情很沉重。共产党和人民政府信任自己，把这样一笔巨款交给自己押运，可千万不能出什么事啊！车上一个老人，一个妇女，而且手无寸铁，遇到国民党的散兵游勇或者土匪、坏人要怎样对付呢？她警惕地注视着公路两旁，似乎觉得那黑乎乎的田野里，将要发生什么……

突然，路旁传来什么人的喊叫声，公路前面出现了几座房屋，房子前面聚着几个年轻人，不知在喊叫什么，看见汽车过来，他们也很注意。汽车倏地开了过去，大家的心才放下来。

小汽车开上了一段石头路，颠簸得更厉害了。路上出现了树林、竹林覆盖的小山坡，夜色茫茫，周围一片静谧，月亮悄悄地躲入了云层……

费达生回头问道：“到苏州后车开到哪里？”

“先开到葑溪蚕种场吧，半夜里机关不好找人。”郑辟疆回答。葑溪蚕种场在葑门外，是他几个学生创办的，是当年在“蚕种革命”中起过重要作用的蚕种场之一。

葑溪蚕种场的工作人员正在酣睡中，被汽车喇叭惊醒。他们对老校长、费达生半夜驱车前来，大为不解。

“我们从无锡带回来一些宣传品，先在你们仓库里放一夜，明天送去。”一向诚实的郑辟疆按编好的话回答他们。

一捆捆钞票被搬进了门，费达生端着煤油灯，细心地点了一遍，然后出来把门锁上，才去休息。

第二天，两人把这笔巨款送交苏州人民银行分发附近各县。随后，郑辟疆回学校，费达生被分配到吴江县任收茧办事处委员，负责技术指导。

这是费达生第一次和共产党派来的干部合作，起初有些拘束，不敢多说话。收茧处的负责人老金勤勤恳恳，办事认真，对费达生很尊重。那年农村春茧丰收，一条条装满雪白茧子的小船，从四乡里摇过来。卖茧的农民在收购站门口排成长队，从早到晚源源不断。到第三天，收茧处的仓库堆满了，烘茧也来不及，老金十分犯愁。晚上研究情况时，老金提出把鲜茧送一批到苏州去，征求费达生的意见。费达生想了一下，大胆发表了不同的看法："我看不需要送。卖茧高峰一般就三四天，估计明天起卖茧船就会逐渐减少。烘茧时间可以调节，减少直烘，多做二冲烘、三冲烘[①]。没有地方存放，可以到居民家中借房子。如果鲜茧往苏州送，会增加运费，茧子也会受损失。"

老金接受了她的建议。果然第四天售茧船就减少了，加上采取其他措施，矛盾得到妥善解决。费达生丰富的实践经验，使人叹服。

十三、领袖的厚望

1954年，炎热的夏天虽然已经过去，但南方的太阳仍然毒辣辣的，人们稍一活动就汗水淋漓。郑辟疆和费达生来到广州，每天早出晚归，参观当地蚕桑生产过程，指导制丝技术改革。

人民革命战争的胜利，为包括蚕丝在内的各项事业的迅速发展，开辟了广阔的道路。人民政府设立了蚕桑事业管理局，帮助农民发展蚕桑生产。郑辟疆把精力集中放在蚕丝教育、科研方面。费达生离开女蚕校实习丝厂后，担任了苏州市工业局副局长。政府一声号

---

① 鲜茧收来后要立即烘干杀蛹。烘茧方法有三种：一种叫直烘，要烘六个小时，一次完成。另一种叫二冲烘，先烘三小时取出来，叫半干茧，可放一星期。再一种叫三冲烘，先烘一小时杀蛹，茧子可放二三天。所以费达生提出调节时间，可以解决矛盾，避免鲜茧积压造成损失。

令，坐缫改立缫就普遍推行了，再不要像过去那样一个厂一个厂地抓改革了。郑辟疆早年就认为：中国最适合发展蚕桑的地区有四个，分别是苏浙、山东、四川、广东。前三个地区他都工作过多年，唯独广东他没有到过。所以这次能到广东来考察，他十分高兴。他不顾在广东工作的学生和同行的劝阻，把参观、座谈活动安排得很紧，白天忙一天，晚上回到住处还要和费达生交流、研究很长时间。

有一天傍晚，他俩回到宾馆，服务员随即送来一份电报。电报是从南京发来的，通知郑辟疆第一届全国人民代表大会第一次会议定于9月15日召开，请他赴北京出席会议。

郑辟疆喜滋滋地把电报拿给费达生看。经过商量，郑辟疆去北京开会，费达生留在广州继续工作。

二十多天后，第一届全国人民代表大会第一次会议胜利闭幕，郑辟疆又风尘仆仆地回到了广州。他一见到费达生就掩饰不住内心的激动，高兴地说："达生，毛主席都知道我们过去做的事！"

郑辟疆滔滔不绝地讲述了二十多天来的经历、见闻，激动万分……

那天，中南海怀仁堂红墙绿瓦、画栋雕梁，礼堂内灯光辉煌，庄严的主席台正中悬挂着中华人民共和国国徽，金黄的稻穗、齿轮、五角星熠熠闪光。党和国家领导人都坐在主席台前排座位上。讲台上，刘少奇正在做关于我国第一部宪法草案的报告。

郑辟疆戴着老花眼镜，神情专注地坐在江苏代表团席位中间安静地听着。大会期间，他见到了黄炎培等许多老朋友，以及费达生的弟弟费青、费孝通教授，也结识了许多新朋友。他们中间有身经百战的老红军，也有在工农业战线上做出显著成绩的劳动模范。和他们比起来，郑辟疆觉得自己为人民做的事是那么的微不足道，而党和人民却给了他崇高的地位和荣誉。他既感动，又惭愧。

大会执行主席宣布休息一刻钟。代表们纷纷站了起来，活动一下身体。忽然，他看见黄炎培在向他招手，急忙从人丛中走了过去。黄炎培拉着他，朝旁边一间休息室走去。

黄炎培推开房门。这是一间布置朴素雅致、十分漂亮的房间，毛泽东、周恩来、刘少奇、宋庆龄都在里面休息。

黄炎培把郑辟疆带到毛主席身边。

“主席，这就是我跟您说的郑辟疆。”

“唔，郑辟疆，”毛主席满面笑容，重复了一遍姓名，伸出了右手，“蚕丝教育家！”

黄炎培还要向周总理介绍，周总理已握住了郑辟疆的手，说：“我们早认识了，在江苏代表团！”

“你是江苏哪个地方人？”毛主席问道。

“苏州南面的吴江县。”

“吴江，‘夜市卖菱藕，春船载绮罗’，就是你们家乡出产的啰。”

“我们那里号称‘丝绸之乡’啊。”

“那里的农民对养的蚕可珍惜了，都把它们称作蚕宝宝呢。”黄炎培插话说。

周总理挥着手说：“是呀，蚕丝、丝绸是我们这个文明古国的一宝啊。”

提起蚕丝，郑辟疆有千言万语要讲，他见毛主席、周总理很感兴趣，便说：“主席，抗战期间，日本人对我们的蚕丝生产破坏太大了，国民党政府对这些事关国计民生的问题又不重视、不扶持，到现在我们的蚕丝事业还大大落后于日本……”

毛主席听着不断地点头，周总理也靠近郑辟疆用心听着。

毛主席紧握住郑辟疆的手说：“我看了你在小会上的发言，你讲的话是有道理的。恩来正在主持修订第一个五年计划，蚕丝生产要作为一个问题好好研究。你们的工作是很有意义的。我们一定要把我国的蚕丝事业发扬光大！”

“一定要把我国的蚕丝事业发扬光大！”郑辟疆站在毛主席、周总理面前，默默复诵着这句话，心中一热，泪水模糊了视线。这不正是他几十年前立下的宏大志愿吗？这不正是他和费达生以及那些蚕丝科学工作者为之奋斗的目标吗？领袖的心和人民的心、蚕丝专家的心，是紧紧贴在一起的……

现在，在广州旅馆柔和的灯光下，郑辟疆向费达生描述起当时的情景，心里仍热乎乎的。两人一同沉浸在喜悦之中……

党和毛主席的关怀给了两位老人巨大的鼓舞和力量。他们以主人翁的态度，根据调查研究的情况，和当地丝厂商定了技术改造计划，从江苏调来一批技术骨干，在广州迅速展开了工作。

1956年12月，费达生被任命为江苏省丝绸工业局副局长。她主持制定了《立缫工业法》，印发各地执行。她还和许多同志一起，在改进外国缫丝机的基础上，试制成功D101型定纤式自动缫丝机，并在全国推广该机器。

原浒墅关蚕校于1956年分为江苏省蚕桑专科学校和苏州丝绸工业专科学校（后改为纺织部属苏州丝绸工学院）。郑辟疆身兼两校校长。两校分别面向全省、全国招生，设置的专业越来越齐全，学生人数是从前的好几倍，每年都有一大批品学兼优、具有一定技能的人才从这两校走向全省、全国蚕桑、丝绸生产第一线。

之后，郑辟疆又担任了全国政协第三届、第四届委员，江苏省蚕学会理事长，中国蚕学会名誉理事长。他不顾年迈体弱，经常到吴江、无锡、江阴等地农村视察蚕丝生产情况，指导发展生产。

郑辟疆还应农业出版社的邀请，对古籍蚕桑图书，如《蚕桑辑要》《豳风广义》《广蚕桑说辑补》《野蚕录》等，非常认真地一一校订，写了序言，正可谓“拳拳报国心，一片赤子情”。

第二节 烈士暮年壮心不已

一、一个温馨的四姓之家

郑辟疆、费达生结婚后，夫妇俩仍然过着十分简单、朴素的生活，他们既不赴宴，也很少设宴。郑老对费达生非常体贴和尊重，再三对她讲："你仍旧忙事业，不要陷在家庭事务中。"费达生经常外出工作，为了照料郑老的饮食起居，她请人从农村物色了一个小保姆张凤珍。凤珍手脚勤快，可是目不识丁，对郑家的电话、打字机等设施感到陌生而又新奇。经过两老指点，加上本身好学，在不长的时间内，她就把家里打理得井井有条，深得两老欢心。他们把凤珍视作亲生女儿，让她同桌吃饭，经常为她添置衣服，还在走廊里挂了一块小黑板，买来课本、文具用品，教她学文化。郑老每次外出参加会议，都自费让她陪同。别人问起，郑老总是以"女儿"相告，平时也亲昵地呼之以"阿囡"。人非草木，早年丧父、过早地懂得人情冷暖的凤珍，对两老也真诚相待，把两老视作再生父母。

郑老夫妇和凤珍朝夕相处，感情与日俱增，两老决定收凤珍为养女。征得凤珍本人同意后，两老按照当地习俗送"定胜糕"到农村张家，分送邻居和亲友。郑老对凤珍的生母说："我们认凤珍为养女，不会影响你们的母女关系，你老了仍由她来照料。"之后，凤珍年迈的生母病危，费老嘱咐凤珍说："你不要顾虑我们的生活，先去照料你的母亲要紧。"凤珍侍奉在生母的身旁，一直到老母病逝，尽了做女儿的孝心。

经常出入郑家的人中，有个小黄杨，他和凤珍同龄，也有着和凤珍相似的身世。小黄杨的父亲是学校蚕桑场的工人。小黄杨11岁时，父亲不幸生肺病病故，留下母亲带着五个孩子，家庭生活顿时陷入困境。郑校长曾批过几笔救济钱给这一家。一天，郑老在校门口看见小黄杨头顶竹匾沿街叫卖大饼、油条，就问他："你是黄阿堂的儿子吗？"孩子点点头。"你小小年纪为什么不上学？""我爹死啦，妈妈说读不起书。""你快去跟妈妈商量，我给你钱，每月补贴你八元，你还去读书吧，上学校读书去。"

从此，小黄杨背上书包继续上学了，后来患了血吸虫病，是郑老又掏钱送他到无锡去治疗。小黄杨初中毕业后参军，在部队入了党。

小黄杨参军前按月到郑家来拿钱，郑老每次都要认真检查他的作业，检查他的衣服是否整洁，有时还要黄杨当面写日记给他看。黄杨到郑家，也帮凤珍打水、扫地、浇花，还教她学习。有时，郑老让凤珍送钱去黄家。月老悄悄地用红线拴住了两颗同病相怜的心，他们相爱了。两老看在眼里，喜在心中。1964年，黄杨从部队复员回来，分配在苏州钢铁厂工作。两老从自己并不宽敞的住房中腾出一间作为他们的新房，两个年轻人结婚了。年轻一代的结合，给老一辈带来更多的欢笑。

两位老人和这对幸福的年轻人生活在一起，四个姓氏的人组成了一个温馨的家庭。温馨的家庭给老人精神上带来了慰藉，生活上无微不至的照顾又带来了体力上的补给，他们又可以精力充沛地去工作了。

二、烈士暮年，壮心不已

党和人民没有忘记郑辟疆。党的十一届三中全会后，1979年6月2日，省、市党政机关，苏州蚕桑丝教育界、学术团体决定联合举行"郑辟疆先生追悼大会"。讣告发出，唁电、挽联从全国各地像雪片一样飞来。许多人把郑辟疆教育、关怀自己的感人事迹，写成诗文寄到大会筹备处。有一副赞颂郑辟疆献身蚕丝事业六十七载卓越功勋的挽联是这样写的：

门生桃李遍全国，功绩道德耀蚕丝。

有一位学生寄来这样一首挽诗：

春蚕到死丝不断，留与他人御风寒。

培育桃李满天下，犹见英姿在人间。

一位日本蚕丝专家也发来唁电，称颂郑辟疆为“中国蚕业界的圣人”。遗憾的是，大会筹备处费了很大的劲，也没有寻找到郑辟疆骨灰盒的下落。在新制的骨灰盒里，费达生放上了郑辟疆的一副眼镜，一本抄满了毛主席语录的笔记本。郑辟疆生前常摆在桌上的两颗玻璃球，她放进一颗，另一颗留给自己做纪念。

对于费达生来说，最好的纪念方式就是继承郑辟疆的事业，像他那样去工作、去战斗，像他那样执着于蚕丝事业、献身于蚕丝事业。

费达生坐在疾驰的火车上，一颗火热的心随着车轮的转动欢跳着。车到南京，她下车，像一位求战心切的老兵，去找省农林厅的领导同志，要求重返蚕丝战线。

之后，费达生被任命为苏州丝绸工学院顾问，并担任中国纺织工程学会名誉理事、江苏蚕学会名誉理事、苏州市政协副主席、苏州市妇联副主任等重要职务。虽然会议多、工作多，但她紧张忙碌、精神愉快，生活是充实的。

百废待兴，工作上千头万绪，费达生的心思还是在蚕丝上面。1979年春天，她联络了几位退休的专业人员，有的是原先的同学，有的是她的学生，一起到吴江调查蚕丝生产情况。她们五位老太平均年纪七十一岁，只有一位稍小些，大家称她是“六十三岁小妹妹”。震泽街上的催青室是她们的宿舍和办公室，但她们不习惯坐办公室，每天都乘着小船到四乡去看养蚕、缫丝。小船缓缓地划行，大家在船上说说笑笑，好像又回了到当年推广部姐妹下乡指导养蚕的时光。秋天，丹桂飘香，她们又来到吴江震泽继续调查。可是，没过多久，七十三岁的程瑜常常吃不下饭，面色蜡黄，身体日渐消瘦。费达生急忙联系医院，将她送医院诊治。经过检查，程瑜患的是胃癌。费达生又送她到苏州市第一人民医院动手术，但因癌细胞扩散，已经无法切除。程瑜是费达生早年在女蚕校推广部的同事，一生献身蚕丝事业，结婚很晚，也没有孩子。出院后，侄子接她回无锡，费达生到医院去送她。程瑜握住费达生的手说："我回去休息几天就来，我们再到吴江去调查。"费达生听了心如刀割，眼泪夺眶而出，但又强忍悲痛，用好言安慰她。不久，她们的调查报告在《蚕业科技》上刊登出来了，而程瑜已永远辞别了人世。

1980年，江苏省科学技术委员会给了吴江县一个提高出丝率的科研项目。吴江县聘请费达生担任这项研究的顾问。费达生很重视，很积极，很投入。我国蚕茧出丝率原来已接近日本的水平，但是由于历史原因，差距又拉大了，所以省委领导批示要将这个项目作为攻关项目来抓。但提高出丝率牵涉到养蚕、烘茧、缫丝各个环节，非常复杂。吴江县确定以开弦弓村所在地庙港乡为试点。八十高龄的费达生再次来到开弦弓村。"方格蔟"是1960年从日本引进的一项技术，可以提高蚕茧质量，但因为一次性投资大，茧价未调整，一直推广不开。费达生经过调查，到处奔走呼吁，经过多年的努力，最后使庙港的各个试点乡村，90%的农户使用了"方格蔟"。庙港乡办的开弦弓村丝厂设备技术非常落后，厂里没有一个技术人员，根本不能胜任出丝率试点的工作。费达生从苏州请来两批退休的工程师、老工人，有的帮助培训工人，有的帮助检修安装机器，有的帮助建立规章制度；又抽调两批工人到苏州丝绸工学院实习丝厂进行培训。这一系列措施使这个厂的面貌大为改观，跃居全县乡办丝厂的先进行列。

费孝通因《江村经济》等著作，于1981年荣获英国皇家人类学会授予的赫胥黎纪念奖章。在出国领奖前夕，他又一次在姐姐的陪同下来到开弦弓村。开弦弓村的村民见了费氏姐弟特别热情，像过去一样，把他们请到堂屋里，用细瓷碗泡上熏青豆茶，冲一碗"风晓"，招待客人。因为那几年我国重新建立了社会学，开弦弓村也成了社会学研究所的调查基地。费达生看见弟弟指导的研究人员、研究生，也觉得格外亲切，常常去嘘寒问暖，帮助他们解决生活上的各种困难。

进入耄耋之年的费达生，看文件时光线稍微暗一点，就要开台灯，手拿放大镜，脸几乎要贴着文件。但她仍每天拄着郑辟疆留下的拐杖上班、下班。每到养蚕季节，她都要下乡去。在乡下，她走到哪里住在哪里，每顿只吃些稀饭及家常蔬菜，不要一点特殊照顾，但她精神很愉快，她常说："看见蚕丝事业的春天来了，我兴奋呀！"是的，一个终生献身蚕丝事业的人，怎么能离开蚕丝而生活呢？

郑辟疆——中国蚕桑丝教育界的泰斗。在20世纪的苏州浒墅关，他为中国蚕桑丝教育事业的振兴和改革，奋斗了半个多世纪，可谓"鞠躬尽瘁，死而后已"。阳山之麓，运河之滨，处处洒满他闪光的亮点，令后人永远追思与怀念。诚如费孝通指出的那样，"历史决定了他的任务，他也勇敢地承担了这个历史任务"。

费达生——被称为"中国当代黄道婆"。她是郑辟疆的学生、战友、爱人。

郑辟疆、费达生，丝为媒，相濡以沫。他们两人的爱情，真挚，淡雅，日久弥香……如今，苏州大学在北校区树立起了一尊郑辟疆的雕像，为的是要永远纪念这位为蚕桑丝事业做出巨大贡献的人民教育家。莘莘学子从他身边走过，岁月光阴在这里流淌，斯人已逝，音容犹在。阳光依旧洒满草坪，和风轻轻地吹拂着树枝，其声瑟瑟，如歌、如语、如诉。鸟鸣枝上，给人一种幽远深沉的怀念……

三、"当代黄道婆"与苏州第一丝厂

蚕丝专家费达生一生从事蚕丝事业，为我国蚕丝事业的发展做出了不朽的贡献，被媒体誉为"当代黄道婆"。说起她与苏州第一丝厂的缘分，有很多鲜为人知的逸事。

据费达生家族中人介绍，费达生年少时与母亲及家人乘船经过苏州城南的运河时，母亲指着青旸地这片日本租界对孩子们说：“日本人占领我们的土地，掠夺我们的财富，你们长大了要有志气，要收回自己的领土。”这句话让少年费达生刻骨铭心。后来，她留学日本，毕业于东京高等蚕丝专科学校。很多认识她的日本老师包括班主任福本福三老师都告诉她，想在她回国后推荐她去日本人在苏州开办的蚕丝企业工作，地点就在青旸地。她想起当年母亲的话，当即婉谢了老师的好意。她对老师说：“我是江苏省立女子蚕业学校选送来留学的，学成了要回母校去任教的，我不能忘记祖国的养育之恩。”

抗战胜利后，1946年，中国蚕丝公司委派费达生担任厂长，接管了日本拱手交出的日商瑞丰丝厂。这一天，应该是费达生难以忘记的一天。她站在厂门口看着古运河的碧波帆影，想起当年母亲对她和弟弟所说的话，不禁思绪万千、百感交集。上任第一天，她将原来日本人的厂牌拿下来，换上了“中国蚕丝公司苏州第一丝厂”的牌子。这是该厂第一次用“苏州第一丝厂”的牌子，之前分别用过“日华蚕丝株式会社”“华中蚕丝株式会社苏州支店”“中华蚕丝股份有限公司苏州丝厂”“瑞丰丝厂”等牌子。由于懂行，又有事业心，费达生担任厂长后，该厂很快就恢复了生产，将日商的296部坐缫车运转起来，同时，改装了120部新式立缫车。机声与笑声交织在城南的蓝天碧水间，中国人用自己的聪明智慧为国家创造了财富。

但好景不长，抗战胜利后，由于当时政治的黑暗，国民党统治集团热衷于“五子登科”（金子、房子、票子、车子、女子），该厂成为国民党四大家族直接控制的官僚资本主义企业。费达生壮志难酬，于是在1947年，她毅然辞职，回到蚕桑学校继续自己的教学和研究。但她众多的学生和培育出来的优良蚕桑品种，在以后漫长的岁月中，还不断为苏州第一丝厂做出贡献，续写着她与这个厂的情缘。

这家有着93年历史的老厂，从时间跨度来说，的确是“祖母级”工厂了。在同时代的老企业中，她几乎是仅存的硕果。别的一些曾经很风光的大厂，早已成了历史中的记忆。

翻开厂志，可以看到，在1982年，这个年届“花甲”的工厂，占地面积达7.19万平方米，在职职工1831人，其中女工1431人，工程技术人员61人（占3%），为国家上缴了可观的利税。

20世纪70年代，企业只要有产品，就不愁没有销路。苏州第一丝厂就曾经为蚕茧等原料的短缺而发愁。于是，他们抽调大批优秀的工人深入吴江等地帮助蚕农解决困难，指导养蚕，改良蚕丝，快速有效地创造了双赢，推动了农村经济和地方经济的发展。

在20世纪90年代，作为传统的劳动密集型企业，随着蚕茧、丝绸由计划经济向市场经济过渡，企业出现高投入、低产出的严重倒挂，效益严重滑坡，到1999年，苏州第一丝厂亏损逾千万元，被列为省特困企业，面临破产倒闭。“山重水复疑无路，柳暗花明又一村。”苏州第一丝厂别出心裁地从自己的产品中，看到了与苏州古城旅游业合拍的优势。他们利用工厂的区位优势，突出工业旅游和丝绸文化两条主线，开发旅游项目，使企业绝处逢生、生机盎然。苏州第一丝厂成为“无烟工厂”“绿色工厂”，2007年以来接待中外游客数十万人次，旅游收入上亿元。

现在，苏州第一丝厂拥有高级博物馆，能展示养蚕的整个过程，进行蚕宝宝吐丝和缫丝制绸的表演。一位位妙龄女郎穿着色彩鲜艳的丝绸服装在T台上走秀，让一些外国游客看得眼睛放光，流连忘返，连声赞叹在这里看东方丝绸“够文化”，这家工厂“很苏州”，这里的丝绸是“最有文化的”。“Very good（非常好）”，不少外国游客离开苏州时，都会带着对苏州的美好记忆，带着对丝绸古国的恋恋不舍，踏上归途……

郑辟疆年表（1880—1969）

1880年　11月21日，出生于江苏吴江县盛泽镇。

1895年　在盛泽镇当塾师。

1897年　去杭州参加科举考试落第。

1900年　考入杭州西湖蚕学馆。

1902年　从杭州西湖蚕学馆毕业，留馆工作。

1903年　东渡日本，考察日本主要蚕区，访问日本蚕学专家，树立振兴我国蚕丝事业的宏伟理想。

1905年—1917年　在山东省青州蚕业学堂、山东省立农业专门学校任教。

1918年　出任江苏省立女子蚕业学校校长。

1919年　五四运动爆发，郑辟疆带领师生到苏州参加爱国游行示威。

1923年　在江苏省立女子蚕业学校成立蚕丝推广部，并任负责人。

1936年　江苏省立女子蚕业学校改称江苏省制丝专科学校，郑辟疆任校长。

1938年—1945年　抗日战争时期，女子蚕业学校、蚕丝专科学校迁入四川乐山复课，郑辟疆任两校校长。

1945年　8月，抗战胜利，日本投降，女子蚕业学校、蚕丝专科学校迁回浒墅关，郑辟疆回到浒墅关，担任校长。

1949年　4月25日，浒墅关镇解放，女子蚕业学校、蚕丝专科学校依旧。

1950年　3月，女子蚕业学校、蚕丝专科学校合并为华东区公立蚕丝专科学校，郑辟疆任校长。

3月12日，郑辟疆、费达生结为伉俪，在校庆纪念会上宣布结婚。

1950年后　华东区公立蚕丝专科学校改称苏南蚕丝专科学校，郑辟疆任校长。

1956年　蚕、丝分校，建立江苏省蚕桑专科学校和苏州丝绸工业专科学校。

1958年　江苏蚕桑学校和江苏丝绸工业学校升格为苏州蚕桑专科学校和苏州丝绸工业专科学校，郑辟疆任两校校长。

1960年 苏州丝绸工业专科学校升格为苏州丝绸工学院，郑辟疆兼任院长。

1969年 11月29日，因病逝世，享年89岁。

1979年 党的十一届三中全会后，苏州蚕桑丝业教育界于6月2日为郑辟疆召开隆重的追悼会，推倒了对他的诬陷之词，重现了他的光辉人生。

费达生年表（1903—2005）

1903年 10月3日，出生于江苏省吴江县同里镇。

1908年 入同里丽则女校。

1910年 随全家迁居吴江县城松陵镇，入吴江爱德女校，到1916年毕业。

1916年 8月，入江苏省立女子蚕业学校，至1920年7月毕业。

1920年 9月，赴日本东京留学，在东京补习日语半年。

1921年 4月，入日本东京高等蚕丝学校制丝教妇养成科，至1923年4月毕业后回国。

1923年 9月，到江苏省立女子蚕业学校推广部工作，次年春节前后由郑辟疆带领到吴江震泽宣传蚕丝改革。

1924年 4月，到开弦弓村建立蚕业改进社，蚕丝改良由此开始。

1925年 担任江苏省立女子蚕业学校推广部主任，历时十多年。与李权、郑蓉镜等在吴江县城松陵镇南门外创办友声蚕种场。

1928年 10月，与江苏省立女子蚕业学校教员邵申培等三人赴日本考察蚕业，历时月余，参观蚕种场、制丝所42处。

1929年 设计、帮助建立的开弦弓村机械丝厂于8月5日正式投产。

1930年 8月，江苏省立女子蚕业学校设立制丝科，费达生兼任主任，至1932年7月。制丝实习工厂同时开工，安装由张复生、费达生等人研制的女蚕式立缫车32部。

1933年　为推进制丝改革，江苏省立女子蚕业学校推广部租借、改造无锡玉祁瑞纶丝厂为玉祁制丝所，费达生担任经理。10月，北平《独立评论》73期发表《我们在农村建设中的经验》。

1934年　4月，江苏省蚕业改进委员会设立“吴江蚕桑改良区”，聘任费达生为副主任（兼）。费达生拟定的《改良吴江蚕丝业计划》发表于10月25日天津《大公报》。5月10日，天津《大公报》发表《复兴丝业的先声》。

1935年　江苏省立女子蚕业学校增设高级制丝班，又挂“江苏省蚕丝专科学校”牌子。费达生兼任教员，讲授工厂管理。

1936年

租借、改造吴江震泽震丰丝厂为震泽制丝所，费达生任经理。筹建吴江平望制丝所，费达生任经理。两厂在1937年10月被日军侵占前关闭，后为日寇烧毁。

1938年　5月，到达重庆，受聘担任四川丝业公司制丝总技师，至1941年1月。

1939年　9月，任新生活妇女指导委员会生产事业组下属的乐山蚕丝实验区主任，在川南乐山、青神等七县开展蚕业改良工作，至1945月12月。

1946年　2月，任苏州第一丝厂厂长，至1947年2月。

11月，江苏省制丝专科学校实验代缫丝厂建成，兼任厂长，并任江苏女子蚕业学校教员，至1951年1月。

1950年　3月12日，校庆纪念会上郑辟疆、费达生宣布结婚。

1952年　任苏南蚕丝专科学校实验代缫丝厂厂长，至1956年7月。

1954年　7月，在苏州市第一届人民代表大会上，被选为出席江苏省人民代表大会的代表。

1956年　7月，任苏州市工业局副局长。12月，任江苏省丝绸工业局副局长，至1957年底。

1957年　2月，加入九三学社。12月，任苏州市纺织工业局副局长。

1958年 9月，任苏州丝绸工业专科学校副校长。

1961年 任苏州丝绸工学院副院长。

1978年 12月，任苏州丝绸工学院顾问，至1995年退休。

1979年 当选为苏州妇女联合会副主任。当选为中国纺织工程学会名誉理事。

1981年 当选为苏州市政协副主席。

1984年 中国农学会表彰为农业科研、教育、推广工作做出杰出贡献的老专家，在受表彰的女专家中，费达生名列第一。

1985年 3月9日，《经济日报》发表《建立桑蚕丝绸的系统观点》，对这一行业的协调发展和体制改革有重要意义，引起极大反响。

1987年 当选为中国丝绸协会第一届理事、江苏省丝绸协会名誉会长。

1989年 3月，经苏州丝绸工学院党委批准加入中国共产党，1990年3月23日转为正式党员。

1992年 因患乳腺癌于11月17日在苏州市第二人民医院动手术后，回家休养，继续研究蓖麻蚕，关心蚕丝业的发展。

2005年 8月12日，因病医治无效，在苏州逝世，享年102岁。

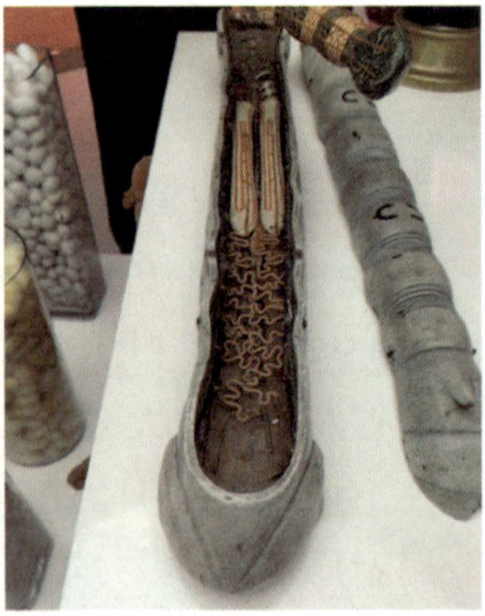

养蚕教具

第四章　一树春风千万枝

第一节　“虎牌”蚕种　中国之最

——记江苏浒墅关大有蚕种场

一、大有蚕种场的诞生（1926年）

1921年，江苏省立女子蚕业学校在校长郑辟疆的倡导下，开始以新元、大元、新桂等纯种蚕种代替农村中普遍饲养的余杭土种蚕种，继而根据遗传研究成果又试育了一代杂交蚕种到农村推广试养。杂交蚕种夺得高产，使女蚕校树立了信誉。至1924年，因农村对改良蚕种需求量大幅度增长，郑辟疆和在该校任教并主持场务工作的邵申培，明白浒墅关几家小型的家庭式蚕种场生产的数千张蚕种已不能满足广大蚕农的需求，同时也认识到推广改良蚕种，有力抵制生产不安全、质量低劣的蚕种，对振兴和发展我国蚕丝事业具有深远的影响，因而研究决定，动员校友，自筹资金，创办一个独立的专业性蚕种场。最后，费达生、张娴、丁增庆、陈炯如等校友共集资一万两千元银圆，租借江苏省立女子蚕业学校南首隙地长公桥堍土地约二十亩，鸠工庀材，创建了大有蚕种场（后改称大有第一蚕种制造场），公推邵申培兼任经理，韦也农为技术主任，张之煌为冷库主任。时值1926年，岁次丙寅，大家决定用“虎牌”为注册商标，以示建场纪念。是年春即生产春种约12000张，翌年春季分售各蚕区，获得普遍好评，驰誉中外的“虎牌”蚕种从此诞生。

二、大有蚕种场的发展（1926年—1937年）

蚕种改良直接促进了缫丝技术的发展和提高。1926年夏，无锡乾生丝厂程丙若认识到，推广改良蚕种是改进缫丝产量和质量的基本条件，是提高企业效益十分重要的一种手段，因而要求向大有投资，扩充蚕种场，多生产改良蚕种，来稳固丝厂原料茧的基地，从速扩大生产，促进蚕丝事业的发展。大有蚕种场遂决议增加股本为三万元。

1927年春，丁增庆去昆山，联合当地的竞进蚕业社，在昆山大西门外创办了大有第二蚕种制造场。丁增庆任经理，张允庄任技术主任。办场资金共一万元，大有一场投资一半，地方招股一半。

1927年，江苏省立女子蚕业学校在日籍教授白泽干的指导下，引进了越年蚕种，用冷藏、浸酸促使人工孵化的先进技术，在秋期试验成功。是年秋，江苏省立女子蚕业学校制成秋用蚕种五千余张，在我国开创了秋用改良蚕种的先例，它和原有的桂花蚕多化性土种比，无论在产量上、质量上，都判若天渊。它不但增加了一年间的育蚕复养次数，提高了蚕农的年收入，更重要的是对全国蚕丝产量的提高起了重大作用。由于开创了秋蚕饲养，改良蚕种更加供不应求。大有蚕种场于1927年秋，在嘉兴王店创建了大有第三蚕种制造场。该场配有冷藏、浸酸全套设备，由陈炯如任经理，叶贯恕任技术主任兼冷库主任，1928年开始生产秋用冷藏、浸酸种八千余张。

1930年继续在宜兴芳桥创办大有第六蚕种场，由周文伯任经理，邵心农任技术主任；1931年于武进漕桥创办大有第五蚕种场，由孙有光任经理，赵理珍任技术主任。大有五场、六场的建场资金，也是由大有一场投资一半和地方招股一半合成的。

1931年，考虑到大有一场场址系租用江苏省立女子蚕业学校土地（合同租期三十年），为久远之计，在距浒墅关镇以北七里处，即古运河西岸望亭镇金鸡心地方，购置良田八十余亩，开办大有一场分场（后来改称大有第四蚕种制造场）。原计划将它建成为大有蚕种场的核心基地，所以，一开始投资较多，设备也较其他分场大而且全。当时新建了一幢十分雄伟的大蚕室，春季一期，全场即可饲养蚁蚕量八十两（即三千二百克），这是当时蚕种场所独有的。场内还配备了深井泵，铺设了自来水管道，架立了专用电灯、电话线路。邵申培兼任经理，邵志耕任技术主任。

至1931年，大有蚕种场一、二、三、六、五、四场已先后建立（在一、二、三场之后，不顺次建立四场，而先成立六场、五场，主要是拘泥于世风习俗，以六为吉利，而对四、五有所忌讳），年生产蚕种已超过二十万张。当时为了有利于原蚕种的繁育生产，对于普通种的推广销售、重要材物的采购供应等事宜，大家一致认为有设立一个总机构的必要，并提出了设想。1932年起，以上各项工作均委托大有一场汇总办理。至1934年秋，由六个分场，按核定蚁蚕量，平均分摊集资在浒墅关购置了前蚕种产销合作社，成立了大有总场。邵申培任总经理，总管大有各场事务。

六个分场建立以后，由东吴蚕种场俞起亚介绍，租借了苏州市乌鹊桥弄底已经停业的裕大蚕种场，成立大有第七蚕种制造场。1935年秋，租借无锡锡山东麓的锡山蚕种场，开办大有第八蚕种制造场。1936年，又在浙江南浔南喜兜原裕农蚕种场，开办大有第九蚕种制造场；同年由周藻容去浙江德清西门外状元厅，设立大有第十蚕种制造场；由刘嘉宾到安徽青阳木镇成立大有第十一蚕种制造场。七、八、九场都是由大有一场投资兴办的；十场、十一场则由大有一场投资一半，地方投资一半。至1936年，大有蚕种场已有在苏、浙、皖的十一个分场和浒墅关的大有蚕种场，共十二个单位。浒墅关的大有蚕种场正式改名为“大有蚕种制造总场”，即今江苏省浒墅关蚕种场前身。总场资本是由各分场的核定蚁蚕量平均分担而成。

大有蚕种场的建立，对邵申培来说真是宏图大展。他积极经营，精心策划，扩大场址至浒墅关彩云桥河边，建造大型阿莫尼亚冷藏库、催青室以及两幢十开间的下层为半地下贮桑室、中层为育蚕室、上层为上蔟室的三层楼大蚕室。

截至1936年，大有蚕种场已成为苏、浙、皖蚕业的群龙之首，影响遍及全国，声誉卓著。

三、大有蚕种场的艰苦岁月（1937年—1945年）

1937年抗日战争全面爆发，在血与火交织的年代里，弱国挨打，中华民族遭受了空前浩劫，大有蚕种场饱受战争的创痛。日本帝国主义强盗对中华儿女犯下的罪行，罄竹难书。

四、抗日战争胜利后的大有蚕种场（1945年—1949年）

1945年8月15日，日本政府宣布无条件投降，十四年抗战结束。人们欢歌载舞，奔走相告。大有蚕种场经历了十四年离乱，熬过了漫漫长夜，终于，天际现曙光，雄鸡一唱天下白。

大有总场驻沪办事处在胜利喜讯的鼓舞下，立即收拾行装，打道回府，迁返浒墅关。郑辟疆由四川飞沪，返回浒墅关。郑辟疆为了筹措蚕校复校经费，特邀请浒墅关蚕种业负责人进行协商，请求各蚕种场捐助1946年春用蚕种二万张，作为复校经费。邵申培首先发言，愿为蚕校复校助一臂之力，承担复校经费一半，认捐蚕种一万张。其余各场纷纷响应，即席认捐，不到半小时就完成了捐助指标。郑辟疆收齐各场认捐凭证后，即赴上海出售蚕种，得款后返四川进行复校工作。

全国人民经历十四年抗战之苦，人心思治，皆抱重建家园、重创旧业之雄心。各蚕农积极要求蚕桑事业能迅速恢复和发展，特别是在第二次世界大战全面结束后生丝价格普遍上扬的情况下，蚕农对养蚕事业热情高涨。1946年春，各地蚕农来浒墅关预定蚕种，十分踊跃。大有蚕种场为杜绝蚕种贩子囤购蚕种，直接售予蚕农，以只准零星购买的方法来限制囤购。至2月，春用蚕种已全部售罄。4月5日以后，蚕农们驾舟坐车陆续来浒墅关者不绝，均至总场要购“虎牌”蚕种。蚕种场工作人员告知蚕种售完，无法供应，蚕农不相信，自朝至暮坐在场内，坚称不买到蚕种决不离场。邵申培目睹此景，只能设法以电话与无锡县蚕桑模范区、溧阳县蚕桑改良区等处联系，调拨到散卵二千张。按人分配，起初为每人五张，随即减为每人四张，购种蚕农愈来愈多，只能再减为每人三张、每人二张，最终每人只能购得一张。如此勉强应付，持续八九天之久。

大有总场震泽办事处，闹种荒情况更加严重，虽连日限额出售，拥挤情况却日甚一日，直至无蚕种可售，婉言劝告无效。许多蚕农竟通宵达旦睡在办事处门口不肯离去。蚕农生产热情竟达到沸点，为大有蚕种总场所未能预料，惜总场蚕种有限，不能满足蚕农要求，实在遗憾。

表1　大有蚕种场（1928年—1948年）春秋蚕种产量统计表

年度	春种（张）	秋种（张）	合计（张）	备注
1926年	10323		10323	
1927年	38787		38787	
1928年	58930	8190	67120	
1929年	43960	49716	93676	
1930年	91763	65360	157123	
1931年	130377	92196	222573	
1932年	8526	37073	45599	
1933年	172069	155920	327989	
1934年	198335	142102	340437	
1935年	197122	181181	378303	
1936年	282751	286505	569256	
1937年	373067	269626	642693	居历史最高位
1938年	311369	56308	367677	
1939年	183770	186563	370333	
1940年	292450	208940	501390	
1941年	298603	176572	475175	
1942年	289874	123435	413309	
1943年	24179	11588	35767	
1944年	258975	66204	325179	
1945年	139906	45587	185493	
1946年	125701	62918	188619	
1947年	176073	57956	234029	
1948年	238026	54728	292754	
总计	3944936	2338668	6283604	

表2　大有蚕种场的组织系统表

<table>
<tr><td rowspan="26">股东大会</td><td rowspan="26">董事会（监察一人）</td><td rowspan="26">总管理处</td><td rowspan="26">总经理 副总经理</td><td>技师室</td><td></td><td></td><td></td></tr>
<tr><td rowspan="2">稽核室</td><td>稽核</td><td rowspan="2"></td><td rowspan="2"></td></tr>
<tr><td>统计</td></tr>
<tr><td rowspan="5">总务处</td><td>代办股</td><td rowspan="5"></td><td rowspan="5"></td></tr>
<tr><td>会计股</td></tr>
<tr><td>文书股</td></tr>
<tr><td>庶务股</td></tr>
<tr><td>定种股</td></tr>
<tr><td rowspan="10">总场</td><td rowspan="10">经理</td><td rowspan="3">事务部</td><td>文书股</td></tr>
<tr><td>会计股</td></tr>
<tr><td>庶务股</td></tr>
<tr><td rowspan="4">实验部</td><td>培桑</td></tr>
<tr><td>养蚕</td></tr>
<tr><td>实验区</td></tr>
<tr><td>蓖麻蚕实验</td></tr>
<tr><td rowspan="3">原种部</td><td>冷藏浸酸</td></tr>
<tr><td>育蚕制种</td></tr>
<tr><td>共同催育</td></tr>
<tr><td rowspan="3">各场</td><td rowspan="3">经理</td><td>技术</td><td rowspan="3"></td></tr>
<tr><td>事务</td></tr>
<tr><td>副业</td></tr>
<tr><td rowspan="3">推广部</td><td>办事处</td><td>定种</td><td rowspan="3"></td></tr>
<tr><td rowspan="2">指导处</td><td>指导</td></tr>
<tr><td>辅导</td></tr>
<tr><td rowspan="2">大有初/高级蚕业讲习所</td><td>教导</td><td rowspan="2"></td><td rowspan="2"></td></tr>
<tr><td>总务</td></tr>
</table>

事业之发展，依赖于人才；人才之实用，贵在训练。大有蚕种场为培养专业技术人员，自1929年开始，特附设蚕业讲习所，分期招生，设班培训，经学习训练毕业者，前后共五届，毕业学员共100人。

表3　大有蚕种场初、高级蚕业讲习所

届　别	教育程度	毕业人数(人)	学习时间	备注
第一届	初级	7	1929.1—1931.12	
第二届	初级	15	1931.1—1933.12	
第三届	初级	27	1933.1—1935.12	
第四届	高级	24	1939.7—1942.6	
第五届	高级	27	1945.1—1947.12	
合　计		100		

第一、二、三届招小学毕业生，考试入学，经三年学科及技术训练，毕业后由江苏省建设厅核发证书，留场任用。1939年秋，招收第四届学员入学时，为提高教育程度，公私立初级中学毕业者方有资格入学。按照部颁课程标准，施以三年教育，学科与实用并重，于1942年暑假毕业。1945年春，奉苏浙皖蚕丝业复兴委员会指示招收第五届学生，仍按照高级农校课程标准，训练三年，至1947年冬毕业。历届毕业生，除留本场工作者外，遍布省内各个蚕区、各个单位。

表4　大有蚕种场各场概况表

场　别	创办时间	经理	技术主任	投资方	场　址	备　注	可能产蚕种量(张)
大有一场	1926年	邵申培	韦也农	女蚕校校友集资和茧丝厂商投资	江苏吴县浒墅关		46230
大有二场	1927年	丁增庆	张允庄	大有一场1/2，地方招股1/2	江苏昆山大西门外		47970
大有三场	1927年秋	陈大炬	叶贯恕	大有一场1/2，地方招股1/2	浙江嘉兴王店		71400
大有四场	1931年	邵申培	邵志耕	大有一场	江苏吴县望亭		42960
大有五场	1931年	孙有光	赵理珍	大有一场1/2，地方招股1/2	江苏武进漕桥		63240
大有六场	1930年	周文伯	邵心农	大有一场1/2，地方招股1/2	江苏宜兴芳桥		3270
大有七场	1933年	邵申培	张之煌	大有一场	江苏苏州乌鹊桥	先迁苏州沧浪亭，再迁无锡后宅	13830
大有八场	1935年秋	邵申培	窦焕龙	大有一场	江苏无锡锡山	先迁溧阳六埠，又迁浙江嘉兴棚堰桥	13920
大有九场	1934年	邵申培	黄登瀛	大有一场	浙江南浔南喜兜	后迁吴县东山	17580
大有十场	1936年	周藻容	华维功	大有一场1/2，地方招股1/2	浙江德清状元厅		42450
大有十一场	1936年	刘嘉宾	丁锐金	大有一场1/2，地方招股1/2	安徽青阳木镇		16800
大有总场	1934年秋	邵申培	宋子美	大有一、二、三、四、五、六场按蚁量集资	江苏吴县浒墅关		原种15000 普通种11550
试育所	1947年	邵申培	宋子美	大有总场	台湾新竹竹东区		11550
总计							原种15000 普通种402750

第二节 “一个人须有受苦的习惯”

——蚕桑志士邵申培

邵申培（1892—1952），江苏宜兴和桥赋村人，著名科学家周培源的表兄，杭州西湖蚕学馆毕业。

“为我名山留片席，看人宦海渡云帆。”杭州西湖蚕学馆是清光绪二十三年（1897）由杭州知府林启创办，为浙江大学丝绸工学院前身。它是我国第一所专科学校，比北京大学还早。林启创办杭州西湖蚕学馆的宗旨是：“大旨在除微粒之病，改良蚕种，精求饲育，兼讲植桑，传授学生，推广民间。”蚕学馆浓厚的学习氛围，让少年邵申培树立了科学的人生观，奠定了坚实的蚕学基础。

蚕学馆毕业后，邵申培任江苏省扬州蚕桑模范场主任、江苏省立苏州第二农业学校教员。1918年，蚕学馆校友郑辟疆任江苏省女子蚕业学校校长后，即聘邵申培为该校教员，兼实习场场务主任。郑辟疆和邵申培两人志同道合，从此刎颈相交、肝胆相照，倾全部心力投身中华蚕桑丝改革振兴的大业。1926年，大有蚕种制造场一场创办时，邵申培兼任该场经理，此后大有总场成立，即任该场总经理，但每周仍在蚕校兼课两小时。

邵申培（摄于20世纪20年代扬州蚕桑模范场）

邵申培工作和生活作风正派，自奉俭

民国初年扬州蚕桑模范场员工合影（左五为邵申培）

约，乐于助人，事业心很强，富有企业经营管理才能。他不但在苏、浙、皖蚕桑界享有崇高的声望，在全国蚕丝界也有一定地位，称得上是蚕桑改革的行家里手，也是蚕桑事业的实业家。

邵申培一生，虽在蚕丝教育界服务，做出过一定贡献，但他的主要成绩还是在蚕种制造方面。他曾经说过，“蚕种的改良是蚕丝行业改革的基础，如果没有优良的蚕种，谈蚕丝改革，只是一句空话”。这大概是他从事蚕种制造业的指导思想吧。

自1926年苏州浒墅关诞生第一张“虎牌”蚕种后，邵申培艰苦创业、锐意改革、开拓进取、经营有方。到1948年，大有蚕种场除在浒墅关增设总场外，已建有十一个分场，遍及苏、浙、皖，共计十二个单位（在台湾新竹建有一个试育所）；资金也从建场时的一万二千元银圆，增加了50倍之多。“虎牌”蚕种，一时风靡各地。

一、大有蚕种场的辉煌与骄傲

大有蚕种场始建于1926年，经十多年时间的经营，以向蚕丝厂商扩股、接受厂商投资和联合各场所在地社会贤达、地方政府部门集资的方式，筹建分场。1937年，全场年蚕种产量高达六十四万二千余张，占当时苏、浙两省蚕种总销量的20%以上，直接影响数十万户蚕农，为国为民做出了巨大贡献。大有蚕种场是我国建场历史最悠久、规模最大、设备最完善、组织最健全、拥有专家最多、技术力量最雄厚、对蚕桑事业做出卓越贡献的大型私营蚕种制造场。

邵申培原为蚕校蚕科教师，教授“蚕业经营”课。由于教学方法灵活多变，讲课生动，“蚕业经营”成为蚕校重点课程，同学们特别喜欢，对邵申培也特别敬重。

大有蚕种场成立总场以后，为使各分场所制蚕种统一规格，每年秋末至冬季，即让各分场蚕种与技术人员集中总场，对蚕种进行检验、浴种、整理、冷藏等；同时举行全体会议，交流和总结经验，评比功绩，决定来年经营方案。如有已经成熟的革新技术发表或新品种准备制造，则召开专题会议，一个专题会议大概为七八天时间。

推广部设有专司销种的定种股，在蚕农定种时除给订单外，还将订户姓名、住址、订购张数记录下来，发种时再将品种名称、场号、批号，填入同一记录。在农民育蚕产茧过程中，如对预期成绩产生疑问，即可按图索骥，追查该蚕种上一代成绩，做深入研究，找出

原浒墅关大有蚕种场总场办公大楼（建于20世纪30年代），总重量超过1000吨，于2015年7月平移约80米到新址

原因并加以改进。

定种期间，蚕农远道来浒墅关的颇多，大有蚕种场均提供膳宿，设招待所。晚餐后，邵申培常抽出时间，向蚕农了解农村情况，以“怎样能养好蚕”作为话题，与蚕农展开热烈的讨论。邵申培对农民亲如家人，和颜悦色，平易近人，而且有问必答，能为农民解决问题，所以农民对这样的讨论非常感兴趣，将与邵谈话称为“听讲张”。“听讲张”是吴地的一句俗语，听谈论问题之意。这句话出自明朝初期，以后逐渐流行。意为明朝朱元璋围攻苏州，灭张士诚后，禁止老百姓谈论张士诚体恤下情，爱护百姓，为苏州百姓做好事。每年向大有蚕种场定种时期，农民们都把“听讲张”当作一个不肯错过的机会。后来太湖震泽大庙港一带的蚕农，要求邵申培在育蚕时期，能到太湖边蚕区去走走。邵早有此打算，一直没有成行，是因为按农村习惯，养蚕时期不接纳生客，怕影响蚕儿发育。在农民主动发出邀请之后，邵欣然接受，如期前往，受到热烈欢迎。农民依照当地风俗，以款待新结婚儿女亲家的“四道头盖碗茶”招待，第一、二道为熏青豆和萝卜干咸茶，第三、四道为芝麻和炒米甜茶，表示特别亲热。从此以后，邵申培每次下乡走访农户，均名为“探亲家”。由于邵待人真诚、没有架子，大有蚕种场在苏、浙、皖地区推行蚕种十分顺利，大有“虎牌”蚕种和邵申培的名字，蚕农们无人不知。

制造蚕种，需先有原种，而制造原种，须经过三年左右培养试验数代纯系分离工作，方能制造出固定纯粹的原种。我国早期有日本所制原种输入，后来又有江苏省立原种制造场所制原种供给。大有总场则有自设原种部与试验部，制造原种自给自足。后来私营蚕种场不断增多，同时日本又禁止原种出口，省立原种场生产的原种供不应求，准许大有蚕种场发售原种。因而大有蚕种场逐步扩大规模，设立原种制造部。邵申培始终认为企业要发展，必须尊重知识、尊重人才，人才是关键。于是，他借鉴无锡永泰丝厂蚕丝练习班的成功经验，开办蚕业讲习所，精心培养人才。

大有蚕种场共办过蚕业讲习所初级班三届、高级班二届，学期均为三年，授课老师除本场技师兼职外，还延请了肖开瀛、俞赞陶、周元勋等专家，前后毕业生有一百人，毕业时由江苏省建设厅核发证书，为学历凭证。在此期间，大有蚕种场还代江南丝厂培训养蚕指导员二期、茧行评茧员一期，学员各有二百多名。

在管理方面，邵申培认为要管理好十一个分场，必须订立一套完整的管理制度，经过场务会议的研究，决定在总场的统一领导下，建立四部二室。四部为试验部、原种部、推广部与总务部；二室为稽核室与技师室。各部、室各司其职。

试验部负责试验、研究蚕的品种、桑树品种、蓖麻蚕与同蓖新品种的培育。

原种部负责培育各种原蚕品种原原母种和原原种。除自用外，还接受政府的委托，代理其他各场培育原蚕种事务，并代理其他各场催青、冷藏、浸酸等事务。

推广部负责蚕农预定蚕种及销售蚕种，到农村设立指导所，指导蚕农养好蚕、植好桑。

总务部负责采购各分场所需的材料物件，以及会计、文书、庶务等工作。

稽核室负责统计、核算各分场制种成本，按期至各分场核对收支账目、核对单据凭证、查核财务流弊。

技师室负责各分场的技术研究与提高，研究国内外蚕丝业的新发展，改进养蚕制种技术，编写讲习班的教材与编辑蚕丝杂志等资料。

大有蚕种场从创办到抗日战争全面爆发前，前后十多年，由于邵申培工作兢兢业业、管理到位，真可谓大展宏图。至1937年，大有蚕种场不仅是江苏省乃至全国最大的私营蚕种场，甚至是全世界的蚕桑巨无霸。

抗战胜利以后，邵申培认为台湾气候温和、四季皆春、终年长绿，宜桑宜蚕，为繁殖蚕种的理想地域，每年饲蚕次数可达四五次之多。台湾桑树概为野生，散处山岭，均系乔木，叶薄质良，为饲蚕的优良用桑；且可从山间采购野桑，无须栽桑培植，仅费采工代价，养蚕成本得以减轻。同时台湾在被日本强占期间，已在各处设有养蚕所，为繁殖蚕种、发展蚕桑事业打下了一定的基础。因此，1948年春，大有蚕种场即向台湾农林处蚕业改良场租用新竹县竹东制种场，成立大有蚕种场台湾家蚕试育所，进行多种生产、研究活动，计有：（一）利用异地育蚕，增强原种本质；（二）春用普通种先于台湾早春或晚秋试育，视其成绩优劣，再决定蚕种发售与否，以保蚕安全；（三）繁殖原种，补充原种临时不足；（四）利用台湾饲育次数多之便，研究推进育蚕工作。试育所成立后，1948年春期生产原种四百五十张，晚秋生产原种七百张；1949年春，生产原种三百张。为时一年，制种三次。

二、艰苦创业　春风化雨

邵申培经常风趣而又饱含深意地跟大家说："大有大有，就是大家都有嘛……"虽然岁月悠悠流逝，但他的求真务实、平易近人，在古镇浒墅关留下了许多美好的印记，让后人难忘，为后人称道。

邵申培重视专业蚕桑人才的培养，为培养专门的技术人才，曾先后选派金起鹏、宋君宜、殷秋松、邵兆华去日本攻读蚕桑。他们回国后留场从事科学技术工作，时称"大有四君子"。这四人学成回国后，在总场办蚕业讲习所，以培养初、高级技术人才，分配至各场使用。在民国时期，私营企业能派四名技术员出国留学，实属罕见。决策人能如此高瞻远瞩、深谋远虑，是要有魄力和胆识的。

为了让有志蚕桑业而家境贫寒的青年能有入学机会，邵申培从振兴祖国蚕丝事业的愿望出发，慧眼识真才，甘做"伯乐"，甘为"人梯"，曾先后以私人名义资助周敬群、姚藻生、窦焕龙三人就读于杭州西湖蚕学馆。

邵申培重视新品种的培养。大有蚕种场初创时即设有原种部，着手培育原蚕种及原原种，此后随着业务的发展，各分场所用原种，则概由总场统一供应。当该场试验部技术力量得到进一步加强后，便倾注全力，从事新品种的研究试制。在取得优异的成绩后，大有蚕种场总是把新品种的研究成果向蚕业界进行介绍、推广。在优良成绩面前，大有蚕种场并不故步自封，而是继续孜孜不倦地研究、探索，改良蚕种，百尺竿头，更进一步。

邵申培对企业的发展具有远见卓识。大有蚕种场因经营有方，每年均有盈余（抗日战争期间除外）。盈利分配办法是仅发股息，不发股红，股红部分的积累，只用于本场扩大再生产和对各分场的投资，这使大有蚕种场可以得到较快的扩大和发展。

邵申培总是不遗余力地协助同行业中其他中小型蚕种场同步发展。在旧社会，商业上有句俗语，叫“同行必妒”，但对大有蚕种场来说，应改为“同行相助”。大有蚕种场是个大型蚕种场，设备齐全，有些设备决非中小型蚕种场所能购置的。大有蚕种场为求品种的改良，取得技术与经营的不断进步，对各中小型蚕种场关怀备至，除向各场提供原种外，还提供冷藏、浸酸、浴种、催青、镜检等设备；此外，实验报告、蚕桑技术的研究资料，均毫无保留地公布于同业各场。大有蚕种场总是尽可能地扶持中小型蚕种场。有些中小型蚕种场的负责人深有感慨地说：“我们是有了大有蚕种场的扶助，才得以生存下来并有一定的发展。”这是大家的肺腑之言。当时浒墅关的蚕种场和蚕农称浒墅关女子蚕业学校为“大学堂”，大有蚕种场为“新学堂”。

三、历经磨难　不屈不挠

1937年抗日战争全面爆发，日寇多次出动飞机，轰炸浒墅关女子蚕业学校实习工厂和浒墅关蚕种场，企图摧毁中国的蚕桑基地和原种基地。

随后苏浙蚕区相继沦陷。除嘉兴王店的大有三场及武进漕桥的大有五场外，其余诸场均不同程度地毁于兵燹，严重者甚至无法正常作业。如无锡大有八场全部被毁；昆山大有二场、望亭大有四场、苏州大有七场大部分被毁；浒墅关大有一场、安徽青阳木镇大有十一场、南浔大有九场半数被毁；浒墅关大有总场、宜兴芳桥大有六场、德清大有十场一部分被毁。在血与火的年代里，弱国挨打，中华民族遭受了空前浩劫，大有蚕种场饱尝战争的创痛。

尽管在日寇铁蹄蹂躏下，大有各蚕种场仍坚守民族气节，不畏侵略者的强暴，在战争废墟上，因陋就简，惨淡经营。当时大有八场先迁溧阳戴埠，继又迁嘉兴棚堰桥；大有九场则从南浔迁到苏州东山；大有七场先迁苏州沧浪亭，后再迁无锡后宅继续生产。日寇入侵时，虽有日机日夜轰炸，但因育种时节不能耽误，大有各场仍冒险坚持养蚕制种工作。日寇占领苏州后，浒墅关兴贤桥遭到日机轰炸，总场才被迫租舟装运蚕种与重要仪器设备，撤退到太湖中马迹山暂驻；当年冬季又将蚕种运到六场，经过浴消整理后，妥善冷藏在冰库中越冬。各场除留守者外，其余人员暂时解散回家，以避敌锋芒。1938年3月初，邵申培、丁增庆等率领宜兴籍职工二十余人分乘三艘小船，由宜兴芳桥六场出发，经沙塘港出口，过太湖时恰遇西南风，约经五六小时就顺利到达龙塘港，在长巷（吴县镇湖乡）宿夜，次日先遣部分人至浒墅关探听情况，第三天上午八时许就全部安全抵达一场。当时运河中已有少数船只往返，丁增庆等所乘小船继续向昆山进发，随后安全抵达二场。

浒墅关大有一场房屋所幸被毁不多，办公室家具、厨房用具等都已被盗一空。房屋被烧毁上面蔟室、下面贮桑室的五间一幢，其他则尚算幸免。3月底，全部职工已到场报到。4月清明迫在眉睫，然而在日寇控制下，交通阻塞，无人前来购买蚕种。上年冷藏在宜兴六场的蚕种，只能留下宜兴当地所需，其余运到总场，全场人员为销售蚕种异常焦虑。邵申培运送蚕种一万张至南浔九场，设法推销。同时震泽等各地指导所不顾困难，开始办理蚕种登记，进行共同催青等工作。然而，因日伪关卡林立，交通受阻，当年春用蚕种未能全部售出，资金周转深受影响。

苏浙沿海蚕区沦陷后，日寇即千方百计、不择手段地进行经济掠夺，企图独占世界蚕丝市场。浒墅关这样一个重要的蚕种基地，当然是他们的重要目标。而大有蚕种场是中国大型制种企业，早已闻名日本。这样一个大型蚕种场，他们势在必得。1938年春，日商华中蚕丝公司苏州分公司成立，邀浒墅关蚕种业人员前去参加。浒墅关蚕种业同业公会主席张步洲和金起鹏等人前往。日方提出要求，要用他们的商标代制蚕种，还要和大有蚕种场合作经营。张步洲回答须回去商量。日方不等答复，即派苏州分公司负责人上田到浒墅关向邵申培当面提出，要用日方商标代制蚕种。邵申培坚决不同意。上田恼羞成怒，遂用各种手段，想迫使大有蚕种场就范。在日寇的高压下，邵申培认为如果屈服日方淫威同意合作，等于把大有蚕种场拱手献与日寇，故坚持不合作。日本人并不罢休。不久，大有总场的阿莫尼亚冷库走廊里，发现定时炸弹，幸得及早发现，未酿成爆炸惨祸。鉴于当时形势，为避免上田的纠缠，邵申培将场务略事摒挡，即避居上海法租界觉园，将该处定为大有蚕种场驻沪办事处。总场场务由邵柏孙代理。下半年殷秋松与邵兆华在日本学成返场，殷秋松被任命为代总经理。

1941年汪伪政权成立后，江苏省蚕专沪校内迁到四川办学。邵申培随校长郑辟疆同机去川，他希望能在四川一展宏图。但到达那里后，静观默察，他渐渐明白，四川亦是地方军阀飞扬跋扈、官僚资本兴风作浪的地方，外地的民族工商业者根本无法立足、难以生存，故不久仍旧返回上海。

在沦陷区，日寇推行清乡政策，交通阻塞，困难重重。大有总场为照顾太湖东南地区的蚕农购买蚕种，特在吴江县震泽乡设立办事处，方便蚕农购买蚕种，同时管理吴江、吴兴两县各市镇的指导所八十余处，指导蚕农科学养蚕，全年销售蚕种二十五万张。

抗战期间，在日寇的铁蹄下，蚕桑事业蒙受巨大损失。郑辟疆、费达生远在四川乐山，鞭长莫及。由于邵申培在沦陷区与日寇巧妙周旋，应付有方，浒墅关的蚕种业始终未落入敌手。邵申培不为日寇的淫威所屈，显示了一代爱国实业家不畏强暴的民族本色。其高风亮节，殊值钦佩。

四、矢志办学　育英救国

邵申培的家乡，宜兴和桥赋村，地处偏僻，附近并无中学。学生小学毕业后，如需继续升学，要步行十里或乘坐小船到和桥镇就读，每日往返，多有不便。

1939年，在抗日战争的硝烟烽火中，邵申培和宜兴爱国绅士邵德纬、邵克培、邵荫槐等9人，以“育英救国”为宗旨，在十分艰苦的条件下积聚资金，筹措大米数百担，热心创办了宜兴赋村中学，为高塍地区及宜兴等地众多寒门学子，提供求学良机。学校先以赋村金铭寺为校址，后因学生人数增多，又借用邵家祠堂做教室。学校以“灌输知识、训练技能、培养自立能力和服务大众的精神”为目标，以“诚、勤、敏、慎”为校训，教育培养学生。1943年，为适应抗日战争需要，在新四军抗日民主政府指导下，宜兴县第六临时中学并入赋村中学，并增设了高中部，学校发展到初、高中六个班，学生295名。学校师生不顾日伪侵扰，坚守民族气节，宣传抗日主张，荒野办学，破庙教读，历经颠沛，显示了师生教育救国、坚忍不拔的爱国精神。

1945年抗战胜利，大批师生回城，学校仅留初中。但全校师生努力奋斗，同甘共苦，使办学规模有所扩展，在当地享有较高声誉。1945年—1949年，邵申培任赋村中学校长。

1949年4月，宜兴解放。学校各项事业迅速发展。1951年，赋村中学迁至高塍马坞村，改名“私立宜兴高塍初级中学”；1956年，学校改为公立，定名“宜兴县高塍初级中学”；1958年恢复高中，正式定名“宜兴县高塍中学”；1961年和1962年高考，一批优秀学生考进北京

赋村中学

高塍中学

浒墅关中学

大学、清华大学等名牌大学；1964年高中停办；1968年恢复高中，广大师生在困难中坚持办学，为一大批杰出学生成为优秀地方党政管理人才和企业家奠定了坚实的基础。

1976年以后，学校恢复元气，教育质量稳步上升。恢复高考后，高中教学有了较大发展，连续多年高考录取率名列全县前茅。一大批学生考入北京大学、清华大学、南京大学等名牌大学。1984年—1986年，高塍中学还为发展宜兴职业教育，开办了三届幼师班。

自2000年后，学校发展进入快车道。政府对高塍中学的建设也高度重视，社会各界人士大力支持，纷纷慷慨解囊，关心学校建设。学校的校容、校貌发生根本改观，设施、设备日臻完善，素质教育全面推进，教育现代化工程全面启动。近年来，高塍中学被上级教育部门评定为“无锡市教育现代化工程示范学校”。

邵申培在宜兴创办赋村中学后，1943年9月，又与郑辟疆、张千里等9人，作为首届校董，在浒墅关创办了私立成城中学，即吴县中学（浒墅关中学前身）。首任校长为张千里。在此之前，浒墅关没有中学。该校创建时仅1个班，学生30余名；至1948年，招收2个初中班，学生110名，教职员6名。

如今的高塍中学（原赋村中学），还有浒墅关中学（原吴县中学），经历了七十多年的风雨，谱写了辉煌的华章，培养了一批批振兴中华的建设人才，他们中间有省长、院士、专家、教授、博士生导师……“谁言寸草心，报得三春晖。”当莘莘学子像树木一样成长起来，换来人间的新绿时，我们怎能忘记培育春光、催发生命之绿的春风春阳！让我们永远铭记历史，记住高塍中学的创始人、浒墅关中学的首届校董邵申培等有识之士，记住他们“育英救国”的爱国精神！

五、清和家风 丰碑永存

1892年3月18日，邵申培出生于宜兴赋村的一个农民家庭。赋村位于宜兴市区的北面。一个多世纪之前，这里只有几十户人家；一个多世纪之后的现在，在中国分省地图上，仍然找不到它的踪影。2008年、2012年笔者两次访赋村，耳闻目睹了那里村民的居住、生活情况，看到村容、村貌有了很大的改观。

幼年的邵申培，家境并不富裕，兄妹4人，饱受饥寒困苦。懂事后，邵申培读了几年私塾，深感进步不大。每天放学后，邵申培面对寒月青灯，长吁短叹，深感读不到书的苦恼。邵申培的父母见这孩子特别聪明伶俐，于是夫妻俩合计后，把孩子送到宜兴芳桥邵申培的舅父周文伯家，寄养读书。这周文伯何许人也？他是我国著名科学家周培源的父亲。他在宜兴是一个开明绅士，自幼读书，后来考中了秀才，但两次赴南京乡试未中，便转而继承家业。他深受西方洋务运动、“实业救国”思想的影响，是一个颇有眼力、才识卓异的知识分子。他见邵申培这位小外甥念书时摇头晃脑的样子甚是可爱，于是把邵申培安排在他投资创办的宜兴芳桥后村小学读书，悉心培养。邵申培读书非常用功，总是刻苦钻研。小学毕业后，周文伯又送他进入宜兴芳桥中学继续学习。1913年7月，邵申培在周文伯资助下，以优异的成绩考入杭州西湖蚕学馆。

1916年6月，邵申培从杭州西湖蚕学馆毕业后，即全力从事他钟爱的蚕桑教育事业和蚕桑制种实业，废寝忘食，日夜操劳。尽管大有蚕种场办得红红火火、如日中天，但他的生活十分俭约，粗茶淡饭，从不奢侈。记得小时候，我从苏州到浒墅关油车浜他家去玩，吃饭时，饭桌上基本以素菜为主，鲜少荤菜。他的书房里挂着一幅《梅花》和朱柏庐的《治家格言》，借以淡泊明志，严于律己。

邵申培在大有蚕种场的日子，经常告诫同人，说：“一个人须有受苦的习惯。人若不经受苦难，不会有大志。”他风趣地讲了一个故事，说他当年在杭州西湖蚕学馆求学时，毕业实习期间，每天清晨要到附近蚕种场去，傍晚才回来，途中要经过一个臭水潭，早上空着肚子去，只觉污水臭气扑鼻，到晚上吃饱了肚子回家，却闻不到臭气了，这是饥饿时嗅觉灵敏，饱暖时嗅觉迟钝的缘故，也符合“诗穷而后工”的道理。他说：“一个人若贪图饱暖享受，是学不好本领的。”

邵申培夫人周毓，宜兴宋渎村人，出生于晚清，不识字，缠小脚，是一个老实、本分、纯朴、善良的农村妇女。当然，他们的婚姻也是父母包办的。但邵申培志趣高尚、作风正派、倾心事业，对夫人从不嫌弃，两人关系融洽，相敬如宾。

邵申培共有四个子女，两男两女。由于邵申培自身垂范，治家有方，其中两子一女考上了全国名牌大学。大女儿1952年毕业于江苏女子蚕业学校蚕桑科，女承父业，建树良多。邵申培对待子女一向循循善诱，动之以情，晓之以理，亲切宽容，慈祥和蔼。20世纪50年代初，抗美援朝战争爆发，当时他的长子邵墅祥正就读于浙江大学航空工程系二年级，他积极支持儿子投笔从戎，报名参加中国空军，保卫祖国的领空。

1952年春，因长年的奔走操劳、夙兴夜寐，邵申培积劳成疾，忽然大便失常、便血频繁、疼痛难熬，经苏州博习医院诊断为直肠癌。博习医院陈王院长为其治疗，但癌细胞已扩散全身，病入膏肓，收效甚微。

邵申培也是一个明白人，他自感病势渐重，回天乏术。在上海中山医院的病榻上，他非常艰难地给远在东北从军的儿子写信："人生的希望，不一定在个人生命之延续，如汝等能认真学习，为人民服务，则为最大安慰。汝不必回来看我，迢迢之数，千里跋涉，往返于我病无益，于学习有碍……"

1952年7月4日，邵申培因病医治无效，与世长辞，终年六十岁。

邵申培以毕生精力从事蚕桑教育和蚕种改良事业，为我国蚕桑丝事业的振兴，做出了卓越的贡献。他的经营管理才能，一向为蚕桑

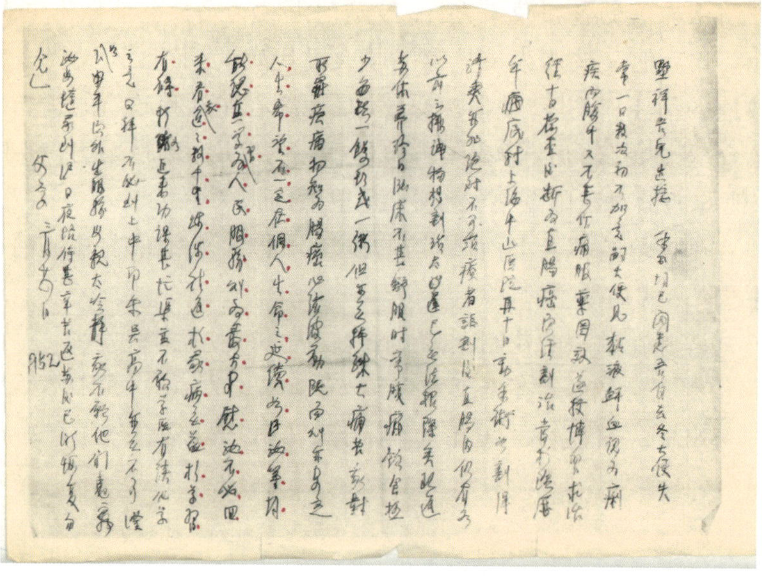

邵申培病中写给长子邵墅祥的信

周大庆(左)与邵申培之子邵墅祥在原大有蚕种场总场办公楼前留影

丝业界所称道，获得了很高的评价。中华人民共和国成立后，苏南行署蚕业管理局局长何患，曾主动致函邵申培，阐明党和政府对民族资产阶级有关的各项政策方针，鼓励他继续为蚕桑丝业做出更大的贡献。此后他又被选为吴县第一届人民代表、苏南区人民代表。党和政府的信任和关怀，使他深受感动，他决心在党和政府的领导下，不负众望，再接再厉，为我国蚕桑丝事业的发展，不遗余力，鞠躬尽瘁。他的逝世对我国蚕桑丝事业，是重大的损失。

在邵申培追悼会上，邵申培的校友、同人、亲密挚友郑辟疆、费达生夫妇，悲痛欲绝。

郑辟疆在敬献的花圈上，写下激动人心的挽联：

有子参军无上光荣　以学利农尤为称颂

邵申培，一代学人，志在蚕桑，春风化雨，光照人寰。

第五章　春蚕到死丝方尽

第一节　少年心事当拿云

——蚕丝志士周元勋

周元勋（1902—1952），江苏宜兴宋渎人，蚕桑志士邵申培的妻弟。幼年家境贫寒，发奋读书。江苏省立第五中学（常州高级中学前身）毕业后，以优异成绩考入国立中央大学（今南京大学）河海工程学院土木工程系。大学毕业后，从20世纪30年代开始，他先后在浒墅关创办了三元蚕种场、江南丝厂，规模宏大，建树良多。在风起云涌的民国年代，周元勋演绎了一段精彩的创业史，也展现了一个成功企业家自强不息的风雨人生。

周元勋

一、少年壮志　中大学子

江苏宜兴宋渎，位于宜兴市区西北角，地处偏僻。1902年4月28日，周元勋出生在宋渎云靄村的一个农民家庭。宜兴山清水秀，吴文化、楚文化、越文化、中原文化在这里交汇生发。周姓为宜兴大族，相传是曾因“除三害”而被誉为“阳羡第一人物”的西晋名将周处的后裔。周元勋的父亲周荫庭是村里的一个读书人，以耕作为本，读书自娱。1906年，才4岁多的周元勋在姐姐的陪伴下，在本村私塾念书，由于人太小，用家中定做的高竹椅子，两脚悬空，要爬上爬下。他在私塾念了4年多，学的全是四书五经之类的旧式文化。1911年辛亥革命后，云蠶村一位出过国的开明士绅在家乡办起了小学。这是一所洋学堂，开设语文、算术、自然、地理、常识、体育等课程，周元勋就转学到这里。从此，他受到正规而良好的教育，学校多元化的课程大大激发了他的学习兴趣，他的学习成绩提高很快。周元勋小学毕业考取了江苏省立第五中学，迈出了他人生道路的重要一步。

江苏省立第五中学创办于1907年，被誉为江苏省中学“四大名旦”之一，培养了一大批牵动社会历史发展的精英人物。中共早期领导人瞿秋白、张太雷都在这里读过书；这里走出过中国科学院院士、工程院院士、省部领导、解放军高级将领数十人，专家、教授、学者不胜枚举。

江苏省立第五中学坐落在风景秀丽的常州市天宁区，校园里书声、歌声、琴声相互应和，令人怡然忘倦。这里有一流的师资，一流的教学设备。周元勋在江苏省立第五中学求学时，上课专心听讲，下课后经常去学校图书馆看书，有时一本书别人需要十天半个月看完，他几天就看完了。老师们对这位农村来的“神童”，当然是十分喜爱了。高三时，周元勋学习了平面解析几何后，把几何和代数有机结合起来，破解了不少几何证明的难题。他的思维方式简捷明了，思路清晰，不仅有正向思维，而且还有逆向思维。上学期间，周元勋兴趣广泛，喜欢英文、书法。1926年夏，周元勋从江苏省立第五中学毕业，在中学同学录的留言册上，他写下了唐代诗人李贺的两句诗，“少年心事当拿云，谁念幽寒坐呜呃”，希望自己将来能做一番大事业。

那年暑期，高中毕业的周元勋回到农村，正准备参加全国大学入学联考时，父亲忽然病倒。作为家中的长子，他要照顾家庭，不得不放弃考试，帮助母亲背起生活的纤绳。但他想读书，强烈的求知欲望，使他每天心情都不能平静。他每天鸡鸣即起，晚间在煤油灯下复习功课。夏天，家里既闷又热，蚊子还多，他硬是咬紧牙关埋头看书。第二年暑假，他去南京参加大学入学考试。也是天道酬勤，苍天不负苦心人，他以优异的成绩考取了国立中央大学河海工程学院土木工程系。录取通知书发到县里，县里又派人敲着锣鼓、吹着洋号，到云霭村报喜。

周元勋在大学读书时，念念不忘父母的养育之恩，经常写信给家中，嘘寒问暖。那年深秋，父亲久病不治，撒手人世，令他伤心不已。经历了丧父之痛，他牢牢记住父亲在病榻上的临终遗言："要紧的是读好书……"大学期间，每年暑假回家，他走进村中，亲切随和，从来没有一点大学生的架子。七月流火，他照样与普通农家孩子一样，帮助家里人车水、耥稻、拔草。寒假他也要回家干活。读书明理，在周元勋的身上，我们可以看到中国一代知识分子的善良、淳朴。

民国年间，国立中央大学是当时名副其实的全国最高学府，规模之宏大，学科之齐全，教授阵容之强，均居全国之首。全国"部聘教授"45人，国立中央大学入选12人，占全国总数的1/4；国立中央大学一校的校费，是北京大学、清华大学、上海交通大学、浙江大学四校的总和。

2013年4月，南京大学档案馆应笔者之请求，特意寄来了一份周元勋在国立中央大学学习时的学籍表和成绩表。他们从尘封的档案里，查阅到了周元勋在土木工程系读书时，5年10个学期的学业成绩表。这是一份内容翔实、要求严格的成绩报告单。当时土木工程系共开设76门功课，采用西方大学先进的学分、成绩综合制，功课有基础科、专业科两种类型。大学的前二年学习基础科，后三年学习专业科。周元勋每学期学习成绩平均80分左右，学分26分左右。周元勋由于中学阶段基础扎实，进入大学后，他的解析几何、微积分、微分方程、高等代数、球形三角等科目平均84分，英文及演说平均93分，德文71分，专业课程电工学、测量学、沟渠工学、钢筋混凝土、水力试验、结构计划、铁道建筑、水力学等科目平均90分左右，其他学科均在75分以上。

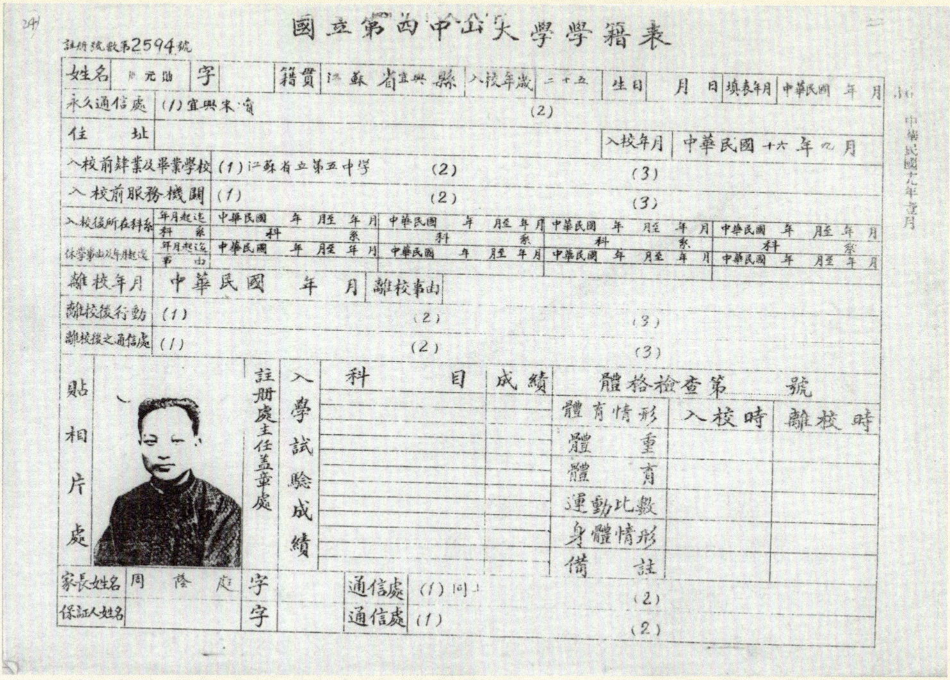

國立第四中山大學學籍表

註冊號數第2594號

姓名	周元勛	字		籍貫	江蘇省宜興縣	入校年歲	二十五	生日	月 日	填表年月	中華民國 年 月
永久通信處	(1)宜興東齊				(2)						
住址								入校年月	中華民國十六年九月		
入校前肄業及畢業學校	(1)江蘇省立第五中学				(2)			(3)			
入校前服務機關	(1)				(2)			(3)			
離校年月	中華民國 年 月		離校事由								
離校後行動	(1)				(2)			(3)			
離校後之通信處	(1)				(2)			(3)			
家長姓名	周隆庭	字		通信處	(1)同上			(2)			
保証人姓名		字		通信處	(1)			(2)			

貼相片處　註册處主任蓋章處　入學試驗成績　科目　成績　體格檢查第　號　體育情形　入校時　離校時　體重　體育　運動比數　身體情形　備註

中華民國九年壹月

周元勋国立中央大学学籍表

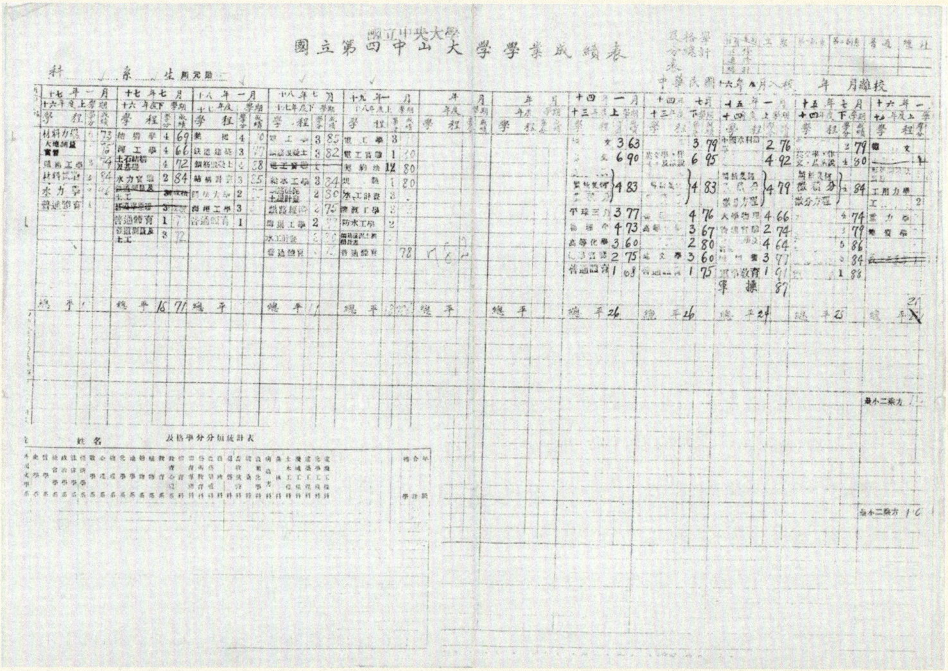

國立中央大學

國立第四中山大學學業成績表

科　系　生周元勛

中華民國十六年九月入校　年　月離校

周元勋国立中央大学学业成绩表

周元勋在国立中央大学五年寒窗苦读，终于春华秋实，圆了他学业上的美梦。他没有辜负父亲的临终嘱咐：一定要读好书。他以优异的成绩从国立中央大学毕业了。当年国立中央大学的旧址，是今天东南大学的主校区，国立中央大学的礼堂还在，圆形苍穹的标志性建筑。毕业之际，周元勋和同学们在这里合影，穿着西装的周元勋怡然含笑，旁边的同学也都放松自然，似乎前程不可限量。他们真的要担负起时代的责任吗？但又很难想象到世事的艰辛和动荡……

二、起步永泰　茧结同宫

20世纪30年代，踌躇满志的周元勋从国立中央大学毕业了，实现了他“众里寻他千百度，蓦然回首，那人却在灯火阑珊处”的夙愿。学业上的成功，并不代表事业的一帆风顺。虽然外面的世界很精彩，爱因斯坦的“相对论”把人们的视野扩展到新的宏观世界和微观世界，北美、欧洲的科学技术突飞猛进，但中国依然是农耕社会，与现代科学相距遥远。周元勋作为国立中央大学土木工程系毕业的高才生，被推荐到江苏省建设委员会工作。当时的国民党江苏建委是一个官僚机构，由于国力薄弱、军阀连年混战，国家根本谈不上建设和发展。在机关上班，只是人浮于事，每天签到、溜班、聊天……这对年轻气盛、胸怀壮志的周元勋来说，无疑是一种痛苦的折磨。面对腐败的机关，他感到无奈、彷徨，经过一番挣扎，他决心跳槽，他要闯出自己的一片天地……

周元勋想到了无锡永泰丝厂。早在上大学期间，周元勋就利用每年的寒暑假，到无锡永泰丝厂蚕事部打工，为蚕事部编写材料、用英文打字、兼教物理、做些杂务。这样一方面解决了他生活上的拮据，另一方面锻炼了他的工作能力。他工作特别认真负责，吃苦耐劳，给永泰丝厂留下了良好的印象。

我国近现代著名思想家、外交家、文学家薛福成的儿子薛南溟于1896年在上海创办永泰丝厂。1926年，上海永泰丝厂迁往无锡，更名无锡永泰丝厂。

薛南溟派三子薛寿萱主持无锡永泰丝厂的业务。薛寿萱早年肄业于东吴大学，后赴美国伊里诺思州立大学学习铁路管理和经济管理，学到了一套比较完整的资本主义管理制度。20世纪30年代，无锡永泰丝厂拥有丝车6000多台，生丝总产量占无锡丝业的60%以上，有“丝茧大王”之称，它生产的“金双鹿”牌白丝获万国博览会金象奖。

无锡永泰丝厂还仿效日本丝厂的做法，设立蚕事部。蚕事部主要职能是负责蚕桑指导，取得优良原种和控制茧源。同时开设蚕桑练习班、养蚕指导员讲习班，学制原定3年，后改为2年，招收初、高中水平18岁至20岁的青年。学生入学后，严格考试，不断筛选。女生毕业后在厂办蚕种场担任指导员，男生毕业后负责管理无锡永泰丝厂养蚕合作社和茧行。

1930年，周元勋因工作出色，被任命为蚕事部主任，为无锡永泰丝厂最年轻的主任。从此，周元勋拉开了他人生的新帷幕。在这期间，周元勋从工科转向农科，对蚕学进行了系统的学习、研究。他深入农村、蚕种场、桑田、制丝车间，逐步总结出养蚕、栽桑、制种、缫丝等方面的科学规律，使感性认识上升到理性认识，为他以后创办蚕种场、丝厂打下了坚实基础。

值得欣慰的是，周元勋当物理老师时，台下有一位年轻貌美、端庄文雅的女学生，上课非常专注。周老师学识渊博，授课深入浅出，板书整齐漂亮，把课本知识讲得生动有趣……这一切无不暗暗叩着这位女生的心扉。她名叫程佩瑛，无锡锡山严家桥人，出身望族，她的家族在无锡很有实力。岁月如歌，周元勋、程佩瑛两人渐渐产生了感情，但他们又不能结合。因为周元勋早年上大学时，由父母包办婚姻，与一乡下女子结了婚，并育有一女。周元勋长年在外，夫妻俩聚少离多，感情十分淡薄。程佩瑛严于世理，她提出，周必须和原妻离异，他们才能结婚。无奈之下，周元勋多次赶回宜兴，恳求村里出面调解，与原妻办理了离婚的手续。

周元勋和程佩瑛志同道合，情意绵绵。常言道："一个成功的男人身后，必有一个优秀的女人。"他俩婚后不久，生下了儿子周载华。为了家庭和事业，夫妻俩辞别了无锡永泰丝厂，双双来到浒墅关，决心仿照大有蚕种场，创办一所自己心目中理想的蚕种场。周元勋牢记美国作家卡尔·桑德堡的一句名言："任何事情开始时都是梦。"他通过姐夫邵申培（大有蚕种场总经理）的担保，向中国农民银行贷款12000元。

于是，在20世纪30年代初，在浒墅关安乐桥堍（今苏州高新区浒墅关中学的对面），粗具规模的浒墅关三元蚕种场就此崛起。一对才子佳人孜孜不倦地努力，终于勾勒出了自己心中的蓝图，实现了自己的梦想……

周元勋、程佩瑛，蚕丝之恋，不是戏曲，胜似戏曲。生活本身的戏剧性比艺术还要丰富。正如鲁迅所说："其实地上本没有路，走的人多了，也便成了路。"

三、智商情商　双馨合一

一位外国企业家说过一句名言："拥有做事的智商只是成功的一半，另外的一半则是赖以做人的情商达成。"

周元勋少年立志，机敏天成，中学、大学阶段，刻苦学习，成绩优秀，令国立中央大学老师、同学惊叹。20世纪30年代，周元勋从宜兴移居浒墅关，焚膏继晷，精心创办了浒墅关三元蚕种场。

浒墅关三元蚕种场，取自兄弟三人周元勋、周元功、周元勷之名。其实，蚕种场开办时，其弟周元功（日本留学）、周元勷（东吴大学上学）尚是学生，周元勋深谋远虑，以长远眼光，提携兄弟，共图事业。有人诘问，周元勋答曰："兄弟之间，好比一棵大树，树有连枝之气，根深叶茂气壮，蔚然大观。"

三元蚕种场鼎盛时，周元勋家乡宜兴云霭村绝大部分的人在农忙之后去蚕种场打工。一位老人回忆当时情景说："蚕种场包吃包住，一日三餐，各不相同，一个月工资三担米，老板待人体贴，从不拖欠职工工资。在那里工作，环境优美，心情舒畅。那段时间是我一生中最开心的时期。”还有一位八十多岁的老人说：“周老板治场有方，制度严格，赏罚分明，工友们对他都怀有敬畏之心。”

20世纪40年代，周元勋在浒墅关创办了江南丝厂，对职工生活十分关心。职工用餐采用“双筷制”，每8人一桌，一双筷夹菜，一双筷进食，讲究卫生。

1937年，抗日战争全面爆发，浒墅关沦陷，三元蚕种场被迫停业。主持三元蚕种场的技术主任程佩瑛，逃难到宜兴赋村，胆战心惊，积劳成疾，心脏病复发，因缺医少药，撒手人寰。噩耗传来，周元勋立即赶到赋村，涕泪纵横，挥毫写下挽联：怜妻尽瘁蚕，临难每忘身，伤心独泪流，白首不同归。

抗战胜利后，周元勋念念不忘夫人，在三元蚕种场建造了程佩瑛纪念碑，纪念碑位于四季常青的松柏丛中……

1945年8月，日寇无条件投降，周元勋被国民政府任命为第三战区（苏、浙、皖、闽）蚕桑复兴委员会常务委员，参与接收工作，旨在复兴国家蚕桑事业。这个“常务委员”并非官衔，只是接收专家组人员。周元勋坦言：“接收尚不抵被敌破坏、掠夺之半，加快蚕丝复兴发展，才是国计民生之正路。”

就在那年秋天，周元勋开着一辆小汽车回宜兴老家探亲，当时宜兴到官林的道路，是日本兵强拉百姓修的一条简易公路，高低不平，坑坑洼洼，车子颠簸得厉害，一条放水的大缺口拦住去路，不能前行，周元勋只能下车，到附近农民家去借两块厚门板，付了26元钱。这26元钱，在当时可以买两扇新大门。借门的主家接钱后，过意不去，连连道谢……

周元勋到老家云霭村的第二天，召集全村五十岁以上的老人到祠堂，不论男女，每人发5元钱。当发到堂叔周定保老人手里时，周定保热泪盈眶，喃喃地说：“贤侄啊！当年你要到村上办蚕种场，我为保全自己家的几亩水地，带头阻拦，真不好意思……”周元勋和颜悦色，温文一笑：“不谈过去的事，大家都是一家人。”

一般人都以为周元勋学贯中西、事业有成，定是高高在上。其实，周元勋对待亲人、工友都很亲和，他平易近人、善解人意，即使对待小朋友也有礼貌。当年抗战胜利后，他在上海任中元贸易公司总经理。当时，他姐夫邵申培的大儿子孤身就读于上海南洋中学，每到星期天，他总会开上汽车，偕同夫人姚品玙，驱车学校探望外甥，关切之殷，情同父子。他总是鼓励外甥要用功念书。每次去学校，他都会带上一砂锅自己烧的红烧肉，给外甥改善生活。当时的情景，这位老人至今记忆犹新。

中华人民共和国成立之初，中国民主同盟领导人之一罗隆基，曾任光华大学教授，与周元勋夫人是师生关系。罗教授学富五车，风度翩翩，经常到周元勋家做客聊天。每次罗教授来访，周元勋总要把儿子、外甥召集起来，请罗教授谈谈青年学子应该怎样选择人生之路，怎样努力学习科学文化，怎样参与建设国家。

1949年夏，这位外甥高中毕业，面临着是参加工作还是报考大学的抉择。当时的青年，一般以尽快参加革命工作为进步、时髦，报考大学则显得保守、落后。这时罗教授准备去北京代表民主同盟参加全国政治协商会议，周元勋为了帮助外甥更好地做出选择，就请罗教授谈谈青年学子应该何去何从，该怎样选择自己的人生道路。罗教授对这个问题也感兴趣，专门就此发表了他的看法。那天，他西装革履，侃侃而谈，主要的意思是，共产党打天下，主要靠的是工农干部和农民革命，现在全国即将解放，新的国家就要成立，往后的任务是治理和建设国家，而建设国家除了需要原来的工农干部，更需要大批具有现代科学知识的干部和有真才实学的知识分子，而这些人才正是当前极为稀缺的，因此，根据国家需要和个人家庭情况，作为周家外甥的高中毕业生，应该到大学深造，学好现代科学技术，掌握一门专业技能，然后再为国家、为人民服务，比较妥当。这一席话，语重心长，合情合理，令人佩服。这位外甥后来决定报考浙江大学。

光阴似箭，岁月如流。今天浒墅关的一些老人，在谈到周元勋的事业、人品时，无不流露出钦佩、感叹之情。周元勋在浒墅关二十多年，治事不苟，崇尚科学，开拓进取，生活俭约。他最大的爱好是书法，这与他童蒙年代，他父亲的严格教育分不开。当年浒墅关大有蚕种场、江南丝厂、天远蚕种场、三元蚕种场的会客厅里，都悬挂着他的隶书、魏碑、行草字幅，字体苍劲奇宕，书如其人，给人一种美的享受。正如他在日记中所叙："非淡泊无以明志，非宁静无以致远，书道亦是一门理疗，其乐无穷……"

四、浒墅关三元蚕种场

中国是丝绸的故乡，蚕丝事业起源于中国。两千多年前，张骞开辟"丝绸之路"，我国与西方44国交往。位于河西走廊的敦煌，曾经见证了我国丝绸、蚕桑的兴衰盛亡……

中国几千年的封建统治时代，战乱频繁、内患外扰、百业凋敝，到19世纪末，我国的蚕丝事业已远远落后于日本、法国、意大利等国。维新运动蓬勃兴起之后，废科举，兴学堂，振兴实业，发展农业科学，开展洋务运动……革新浪潮风起云涌。在这股浪潮之中，改革派杭州知府林启于1897年创办了杭州西湖蚕学馆，为我国蚕丝事业的发展，开创了新纪元。

原三元蚕种场办公楼

杭州西湖蚕学馆兴办后，黄炎培、史量才两人于1903年在上海创办上海私立女子蚕业学堂。上海私立女子蚕业学堂于1911年改为公立，1912年迁往浒墅关。正是这所学校的存在和发展，使浒墅关这个本来名不见经传、仅8000人口的江南小镇，从20世纪20年代始，成了我国蚕桑丝事业的一个重要基地，促进、带动了古镇农村经济的持续发展和繁荣。

浒墅关依傍沪宁铁路线，京杭大运河贯穿全镇，交通便利，农副产品加工业发达。自1912年女子蚕业学校迁来以后，为了迅速发展蚕丝事业，该校教师着手创办蚕种制造场，浒墅关也就此成为我国蚕种制造业的发源地。

物华天宝，时势造英才。在自然科学和生产领域中，一位哲人说过，“人才是决定一切的”，“人才就是财富”。

周元勋在风云变幻的20世纪20年代末，瞄准了当时市场经济的大好机遇，敢闯敢搏，立志要干番事业，这与他少年立大志，锲而不舍地追寻理想之路紧密相关。

周元勋生在宜兴，长在农村，早年父亲病逝，后在姐夫邵申培的资助下，就读于国立中央大学土木工程系。上学期间，他已经边学习边工作，后在上海从事期货及其他商业活动，获得一些盈利。在姐夫的指导和支持下，他依靠自己的积蓄，并向政府申请贷款，于1930年，在浒墅关安乐桥堍，购置土地70亩，以兄弟三个人的名义，办起浒墅关三元蚕种场。这里原是清代的“劝葬地”，地理环境十分优越，东倚沪宁线，西托大运河，南连苏州古城，北靠浒墅关古镇，水网纵横，交通便捷。

蚕种场经营的主要业务是养蚕和制种，养蚕必须有桑叶饲育，因此，三元蚕种场大力推广种植嫁接桑树，这种桑树所产桑叶质量好、产量高，适于养蚕。在制种方面，三元蚕种场注重培育体质好、丝量多、丝质优的新品蚕种的原种，同时又增育改良杂交蚕种，严格控制蚕种质量。以往养蚕，只有春季一茬，而三元蚕种场注重培育秋蚕种，使农民养蚕事业由过去春季的一茬，增加到春、秋两茬。

为了保证蚕种质量，三元蚕种场使用了当时十分先进的冷藏设备，在生产过程中采用了全国一流的催青、冷藏、浸酸、病毒检验等技术措施，保证了蚕种质量。

三元蚕种场初创时期，正值20世纪30年代初，中国几千年的封建帝制崩溃，笼罩在中国大地上的封建压抑正在逐渐消亡，西方科学民主的曙光给中国知识分子带来了希望和机遇。“世界潮流，浩浩荡荡，顺之者昌，逆之者亡”，任何事物的发展、壮大、完善，都要有良好的外部环境，外因是变化的条件，内因是变化的根据。当时，我国苏浙地区的蚕桑事业正处于迅猛发展阶段，由于此地蚕种质量优良，销路好，经常出现预订一空的情况。蚕种每张卖价一银圆，而蚕茧每担卖价一百银圆，这本薄利厚的比价，使蚕种场有可能获得极为丰厚的利润，加之当时物价变动大，通货膨胀，纸币贬值，这对依靠贷款起家的蚕种场十分有利。

在这种形势下，三元蚕种场紧紧抓住发展契机，牢牢把握“科学养蚕，改良蚕种，质量上乘”的要旨，得到了丰厚的回报。三元蚕种场起家时，只有三幢育种房，边建房边制种。在还清贷款后，周元勋立即策划扩大蚕种场规模。首先是进行场房的基本建设，建造了三层楼的新蚕室，西式办公楼，职工住宅房，两个地下贮桑仓库，及其他配套设施，如餐厅、图书室、浴室等。当时蚕种场绿化水平很高，有专门的花匠培育花卉，修理、培植树木。三元蚕种场的基建，由无锡营造厂承建，加上周元勋本人攻读土木工程专业，使其建造质量和外观在当时的浒墅关乃至苏州，都堪称一流。

20世纪50年代，我曾在浒墅关小学上过学，对三元蚕种场留下了难忘的美好回忆。年幼的我步入三元蚕种场时，立刻被一种美的氛围所浸染。气势非凡的西式洋楼，整齐的道路，绿树掩映，郁郁葱葱，鲜花盛开；办公楼前高大的雪松，傲然挺拔；一排排冬青卫护着林木，错落有致，生机盎然；春天鸟语花香，秋天丹桂飘香，因为蚕宝宝需要清新的空气……

三元蚕种场还有一片橘林，一片竹林。场区的西面，为了运输桑叶、蚕种，开挖了一条小河，取名“三元河”。三元蚕种场的汽艇、木船都停在河边。小河流水清清，游鱼穿梭，四周是一望无际的桑田。三元蚕种场创建时，农村荒地较多，地价相对低廉，三元蚕种场在浒墅关周围农村购置了不少土地，建立桑园。今天的苏州东环路向阳桥一带，南门青旸地一带，以及狮子林对面，原先都有三元蚕种场的桑园。

三元蚕种场的发展粗具规模，引进了国外的先进工艺流程，进行严密科学的管理，“三元牌”蚕种驰名苏、锡、常地区。这里要大书一笔周元勋第二任夫人程佩瑛的刻苦经营、细心当家，使周元勋能腾出大量时间，在江苏、浙江、湖南、湖北等地，潜心从事商务活动，积累雄厚的资金。程佩瑛不幸病逝时，正值抗战全面展开，周元勋的两个弟弟从日本留学归来，周元功已经在上田高等蚕业专科学校（本科）毕业，周元勣被迫中断东京高等兽医专科学校的学业回国。周元勋把蚕种场交给了两个弟弟，周元功主管业务，周元勣主管总务。

抗日战争全面爆发以后，我国东南沿海蚕区相继沦陷。日本侵略者在掠夺我国经济资源的同时，曾多次出动飞机轰炸蚕桑学校实习工厂和蚕种场，妄想摧毁浒墅关的蚕桑原种基地，但阴谋没有得逞。1938年春，日商华中蚕丝公司苏州分公司的上田夫，看到浒墅关蚕桑基地的规模后，垂涎三尺，提出中方蚕种场要用日方商标制蚕种，为达到目的，他不惜使用各种恐吓手段。以邵申培为代表的浒墅关蚕种场的经营者，大义凛然，不为淫威所屈服，坚决不与日本侵略者合作。邵申培毅然辞去大有蚕种场总经理职务，隐居上海租界。三元蚕种场在抗日战争期间一度停业，表现出了高度的民族气节。

抗战胜利后，三元蚕种场又获得了新的机遇，各地蚕农重振旧业。蚕桑事业全面复苏，出现了喜人的局面。

周元勋创建三元蚕种场后，曾与我国著名蚕丝专家葛敬中相识。葛敬中，1882年出生，字运城，浙江嘉兴县人，北京大学毕业，后赴法国都鲁斯大学攻读园艺学、养蚕学；回国后任北京农业专门学校园艺系教授，创办镇江女子蚕桑学校、镇江蚕种场、浙江嘉兴蚕种场；曾在南京高等师范学校、东南大学、国立第三中山大学、浙江大学任职；抗战胜利后任中国蚕丝公司总经理。周元勋与葛敬中在业务交往中，志趣、见识相同，颇有英雄相见恨晚之感，后来两人一起经营进出口贸易等生意。20世纪50年代初，周元勋与葛敬中在香港签约，在武汉成立贸易公司。公司取葛敬中的“中”，周元勋的“元”，定名“中元贸易行”。1948年，葛敬中全家迁居香港。1952年至1964年，葛敬中接受联合国粮农组织（FAO）的聘请，去阿富汗、巴西指导蚕桑丝事业。在海外期间，他记挂祖国，多次向国内寄回优良蚕种，体现了一个爱国科学家的赤子之心。

1950年，三元蚕种场加入了浒墅关蚕种同业公会。1953年，三元蚕种场与苏州青旸地国营蚕种场合并，改名为吴县蚕种繁殖场。1956年，三元蚕种场成为公私合营吴县蚕种场的一部分。

综观三元蚕种场的兴衰变迁，由于有识之士的投入和努力，按照现代科学技术规律，在一片荒地上，竟然建起了现代大型蚕种场。事实再一次证明，科学技术是第一生产力，路是人走出来的。一个国家，一个民族，只有发展自己的民族工农业，才能自立、自强，才能跻身世界发达国家的行列之中。

几度风雨，几番霜雪，沧海桑田，物是人非。如今的三元蚕种场已被拆除。“人面不知何处去，桃花依旧笑春风。”振兴蚕桑丝绸的路，还任重道远……

五、浒墅关江南丝厂

自古英雄出少年。周元勋少年丧父，独立性相当强。当时的社会，洋务运动和科学民主思想在中国的传播，使周元勋较早就树立了“实业救国”的宏伟理想，为他做大事业打下了坚实的基础。周元勋的学生薛瑞英（新疆莎车蚕种场技术主任）回忆说，在无锡永泰丝厂蚕桑练习班，周元勋教过她物理课。周元勋学识渊博，授课生动

江南丝厂厂长办公楼

江南丝厂丝织车间大门

有趣，几十年以后，她还记忆犹新。思路清晰、作风严谨，对自己要求非常严格，办事雷厉风行，身体力行……这是周元勋的真实写照。

早在1936年，周元勋在无锡羊腰湾经营乾星丝厂一年余。该厂有丝车500台，抗战全面爆发后，毁于日寇的炮火。

1941年3月，周元勋在他的三元蚕种场内附设了36部固绪式立缫车，进行缫丝生产。职工们将其称为三元丝厂。20世纪50年代初，我曾到过这个丝厂。该厂在三元蚕种场的南面，厂房相当简单，还有些设备，但找不到人，已经荒废。

1946年1月，周元勋组建了江南丝业股份有限公司，经当时上海社会局禀报国民政府经济部核准成立。该公司由周元勋任总经理，周元勋拟定了公司章程、经营计划。

江南丝业股份有限公司的额定股份为法币3亿元，每股100元，共300万股，由周元勋等13人认股。其中周元勋110万股，占全部股份的30%以上。其他股东中有蚕丝、金融、银行界的实权人物。合股办厂的主要目的是扩大实力，做大江南丝业实体。

江南丝业股份有限公司下辖丝厂有三个。

江南第一丝厂，设在无锡西门外龙船浜。原厂禾丰丝厂建于1928年，由周元勋内兄张季芳在无锡经营。1945年底，张季芳将该厂租给周元勋，租期三年，为江南第一丝厂。1946年5月，江南第一丝厂开始生产。1948年底租约期满。该厂有日式坐缫车360台。

江南第二丝厂，设在浙江硖石九曲港73号。该厂原为吴炳文所有，归属江南丝业股份有限公司后，吴炳文任江南丝业股份有限公司副经理。该厂有日式坐缫车170台，1946年6月开始生产，1948年停产。

江南第三丝厂，即三元蚕种场附设的三元丝厂。

江南丝业股份有限公司的建立，表明周元勋的创业思路由蚕种生产发展到了制丝工业，显示了一个现代实业家的雄心和抱负。

周元勋在江南丝业股份有限公司经营计划中，十分明确地对改良蚕种、设厂缫丝、制造丝绸、运销、营业概算等方面做了详尽的计划和预算，可谓用心良苦！他呕心沥血地筹划，目标是把江南丝业股份有限公司建成一个集制种、养蚕、缫丝、制丝、运销等为一体的蚕丝联合集团。这确实是开拓创新的大手笔，这在当时，没有博大的胸襟、科学的思想，是无论如何做不到的。

周元勋对江南丝业股份有限公司的生丝商标，也做了精心设计。“顺风牌”商标分红、绿两种，高级丝为“红顺风”，低级丝为

“顺风牌”丝

“绿顺风”。公司使用的商标纸、验单上，公司的英文名为“SOUTH CHINA SILK INDUSTIES. LTD”，译为中文即“南中国丝业有限公司”。用这样的英文名称，是为了在国际市场上，使人家认为江南丝业股份有限公司是统揽中国南部丝业业务的大公司。而“顺风牌”商标，则表明要让产品风行全球，打入国际市场，一路顺风。在今天看来，周元勋的这种思路符合市场经济规律，有超前意识，显示了一个现代实业家的雄心和气魄。

为了实现自己的宏伟理想，周元勋经过一番考察和利弊权衡，选址浒墅关兴建江南丝业股份有限公司第三丝厂，即江南丝厂。古人云，要办大事，必须考虑天时、地利、人和三大因素。周元勋选址浒墅关，正是综合考虑了这三大要素。

（一）天时。周元勋筹备组建江南丝厂时，正值抗日战争胜利，百业待兴，人民需要休养生息。但是由于国共两党内战爆发，政权更迭，江南丝厂的发展也是一波三折。

（二）地利。浒墅关是当时我国最大的蚕种制造中心，有大大小小蚕种场二十几家。而且周元勋自己苦心经营十六年的三元蚕种场也在这里，浒墅关及其周围的农村又是蚕茧生产基地，有着极其丰富的丝绸原材料，可以就地收购，减少运输费用。浒墅关水陆交通便捷，离苏州、上海、无锡、浙江都很近。最重要的因素是，浒墅关的地价大大低于苏州、无锡等地，在浒墅关建厂，可以大大节约资本。

（三）人和。周元勋在浒墅关经营三元蚕种场十六年，人事关系熟悉。当地劳动力也相对比较廉价。浒墅关还有他赖以起家的支柱，那就是其姐夫邵申培经营的龙头企业——大有蚕种场，其本部就在浒墅关。在浒墅关从事缫丝行业的经营者、技术管理人员，很多是周元勋的同乡，大家齐心合力，一定能干出一番大事业。

1947年下半年，周元勋在浒墅关义桥头，购下了近30亩土地，建造厂房160多间，购买了当时最新式的立缫车208台。1948年5月，安装完成的104台立缫车正式开工生产。同时，三元丝厂100多人并入新厂。

江南丝厂建厂初期，全厂职工300余人，1950年发展到600多人，是当时苏州、无锡地区规模较大的丝厂之一。江南丝厂位于吴县浒墅关镇西南隅，东距沪宁线约1公里，水路紧依京杭大运河，毗邻苏锡公路。

江南丝厂于1948年开设茧行收茧，有双灶两座，烘制干茧，收购缫丝的原料蚕茧。丝厂的职工一部分是三元丝厂的熟练工人，一部分是建厂初期培训的“养成工”。丝厂设备先进，设施正规。厂区有医务室3间，面积103平方米；食堂9间，面积271平方米；职工宿舍47间，面积共计1784平方米，全部装有纱窗、纱门，上有垷墁平顶。厂区环境优美，种有雪松、龙柏、木樨、蜡梅、紫荆、紫薇等观赏树木，宿舍区种有法国梧桐，车间前面有行道树五角枫和黄杨绿篱，厂门内有一棵数米高的雪松。江南丝厂的崛起，给浒墅关这个小镇带来了前所未有的活力，丝厂生产的“顺风牌”丝曾远销世界各地。1950年夏，丝厂首先缫出3A级丝，质量为当时全国缫丝之冠。

六、春风化雨　惠泽桑梓

20世纪30年代，周元勋事业渐入佳境。三元蚕种场被同业公会评定为甲级蚕种场，仅次于大有蚕种场。在这期间，周元勋马不停蹄，又在无锡惠山创办了三元蚕种场二场，在无锡县推广“三元牌”蚕种。1935年，周元勋出任无锡县蚕桑模范区主任，兼任江苏省蚕室试验场养蚕课主任技术员，声名远播，成为苏南地区响当当的蚕桑企业家、蚕桑丝专家。

昔日穷乡僻壤的寒门学子，终于崭露头角。然而在荣誉、鲜花、财富的光环下，周元勋并不故步自封、骄傲自满，他首先想到的是帮助宜兴家乡父老脱贫致富。1936年，周元勋在宜兴大力推广养秋蚕，从此，宜兴县开始饲养秋蚕，养蚕事业跃上了一个新的台阶。

辛亥革命以后，特别是震惊中外的五四运动爆发后，西方科学民主思想在中国广泛传播，“实业救国”“育英救国”让当时的知识分子心驰神往。抗日战争全面爆发前，周元勋在浒墅关创办了三元蚕种场；抗战胜利后，他又创办了浒墅关江南丝厂。企业的发展给予了他丰厚的回报，他始终不忘自己苦难的童年，不忘读书生涯的苦与乐。从1948年9月至1950年8月，周元勋紧跟郑辟疆、邵申培等先贤的脚步，作为浒墅关中学新一届校董成员，给予这所中学经济上有力的支持。2013年春，原浒墅关国华蚕种场经理金起鹏之子，在接受我采访时，颇有感慨地说：“周元勋，人才难得，那几年，他慷慨解囊，送了很多蚕种给学堂作为办学经费，他的真诚让人感动。”

七、创业未半　丝路遽逝

1949年4月，“钟山风雨起苍黄，百万雄师过大江”。1949年4月25日，苏南重镇浒墅关解放。此时，人民解放军进军上海，华东野战军司令部进驻浒墅关，使得浒墅关不断遭到国民党空军的袭击。战乱之中，江南丝厂生产原料无着，人员失散，无法正常运行。

面对这一切，周元勋心急如焚。工厂开办不到一年，建厂时欠下了众多债务，后续又欠下不少职工工资，一时之间，周元勋一筹莫展，欲哭无泪。他只能变卖工厂一部分设备、原料，以维持生计。好在他的妻子姚品玙，当年光华大学的一位才女，美丽贤淑，知书达理，她时时安慰丈夫，“大丈夫处事要顺应时势，波澜不惊”。困境之中，她给了周元勋精神上极大的慰藉，让他增强信心，苦度时艰。

上海解放后，周元勋将江南丝厂租给上海市公安局经营。周元勋这样做自有理由。周元勋与当时的上海市副市长潘汉年是宜兴同乡，上海市公安局局长杨帆手下的孙景蔚等人，曾以江南丝业总公司上海福州路办事处为掩护，进行地下活动。后来江南丝厂陷入危机，孙景蔚即以上海公安局名义，租赁江南丝厂，帮助江南丝厂渡过难关。周元勋奔走于上海、武汉、无锡、浒墅关等地筹措资金，常常夜不能寐，食不甘味。他将毕生心血都倾注给了江南丝厂、三元蚕种场。江南丝厂是他独资经营，呕心沥血数年，他常常感到心有余而力不足……1949年底，经多方努力，江南丝厂终于克服困难，192台立缫车全部运转，投入生产。

"天若有情天亦老。"周元勋宛若一颗流星，匆匆划过浒墅关暗夜的长空，留下了一道灿烂的痕迹，看似陨落在苍穹，但历史必将留下他的足印……

丝路志士周元勋，春蚕到死丝方尽。他，志在蚕丝，春风化雨，惠泽桑梓。

八、周元勋简历

周元勋，又名金虎，出生于1902年4月28日，江苏宜兴县云霭村人，毕业于国立中央大学土木工程系。

1930年，任无锡永泰丝厂蚕事部主任。

1930年，创办浒墅关三元蚕种制造场，"三元"，取名于兄弟三人周元勋、周元功、周元勍之名。当时，周元功、周元勍还在求学，周元勋深谋远虑，以长远发展的眼光，提携兄弟，共图事业。

1935年，任无锡县蚕桑模范区主任。

1936年，在无锡羊腰湾经营乾星丝厂一年多。

1943年—1944年，去重庆做生意。

1945年，在上海开设建华公司。

1945年抗战胜利后，任国民党第三战区（苏、浙、皖、闽）蚕桑复兴委员会常务委员。

1946年，合股开设江南丝业股份有限公司，同年6月租赁无锡禾丰丝厂，开办江南丝业股份有限公司第一丝厂。

1947年下半年，在浒墅关投资兴建江南丝业股份有限公司第三丝厂，即江南丝厂。

1948年5月，江南丝厂投产。

1949年4月下旬，江南丝厂停产。

1949年8月，将江南丝厂租给上海市公安局经营。

1951年，在武汉开设中元贸易行，任经理，经营生漆、丝、麻、金属及其制品的进出口生意。

1952年4月25日，突然去世，终年五十岁。

第二节　周元勋的家庭概况

周元勋祖籍江苏宜兴县云霭村，是宜兴“阳羡第一人物”周处的后裔。父母于20世纪二三十年代病故。之后周元勋兄弟将家中田产、房屋全部送给当地祠堂（学校），作为办学之用，全家移居浒墅关。

周元勋姐姐周毓（1894—1969），是著名蚕桑实业家邵申培的夫人。

周元勋弟弟周元功（1905—1953），毕业于日本上田高等蚕桑专科学校（本科），回国后，在三元蚕种场任技术主任，后任中国蚕丝公司副总经理。妻，张慧多。子，周大赉。女，周美行、周嘉行、周健行、周洁行。

周元勋次弟周元勣（1911—1986），因抗日战争全面爆发，中断学业，肄业于东京高等兽医专科学校，回国后在三元蚕种场任事务主任。妻，张绮容。子，周大壬、周大庆、周大新。女，周大祥。

周元勋第二任夫人程佩瑛，无锡锡山严家桥人，无锡永泰丝厂蚕丝培训班毕业。曾任浒墅关三元蚕种场首期技术主任。1937年，抗战时逃难到宜兴乡下，胆战心惊，由于心脏病发作，在宜兴逝世。程佩瑛业务精湛，事业心强，全力成就浒墅关三元蚕种场的发展，为三元蚕种场发展倾尽心力。

周元勋第三任夫人姚品屿，上海光华大学毕业。

周元勋女周丽华，系周与原配所生。

周元勋子周载华，系周与程佩瑛所生。

一、周氏一门七人从事蚕桑丝业一览表

序号	姓名	性别	职务	学历	毕业院校	备注
1	周元勋	男	江南丝厂总经理 三元蚕种场经理	本科	国立中央大学土木工程系	
2	程佩瑛	女	三元蚕种场技术主任	蚕丝科	无锡永泰丝厂蚕丝班	周元勋第二任夫人，抗战时病逝
3	姚品屿	女	江南丝厂协理	本科	上海光华大学	周元勋第三任夫人
4	周元功	男	三元蚕种场技术主任（日本留学归国后）	本科	日本上田高等蚕桑专科学校	抗战胜利后任中蚕公司副总经理
5	张慧多	女	三元蚕种场经理兼技术员	蚕丝科	浒墅关女子蚕业学校	1925年7月毕业，1929年10月任浒墅关合作原种场技术主任（经理是邵申培）
6	周元勣	男	三元蚕种场事务主任	大学肄业	日本东京高等兽医专科学校	抗战爆发中断学业
7	张绮容	女	三元蚕种场协理兼技术员	蚕丝科	无锡永泰丝厂蚕丝班	1931年冬毕业

二、周氏三兄弟概况

周元勋

周元功

周元勳

20世纪30年代初，周元勋与第二任夫人程佩瑛结婚照。前排左五程佩瑛，左六周元勋

1938年春，周元勋在上海与姚品玙结婚，周家与姚家人参加，后排左七为姚品玙，左八为周元勋；前排右一为邵墅祥，右三为邵申培，右六为周载华

1957年春，邵墅祥等人在南京合影，从左至右：董百舒（董志新儿子）、邵新如（邵申培女儿）、邵墅祥（邵申培儿子）、周载华（周元勋儿子）

周元功夫人张慧多（后排左二）与妹妹张慧安（后排右二）及五个子女合影，后排左一为周洁行，后排右一为周大赉，前排左起分别为周美行、周健行、周嘉行

周元勷子女，前排左起分别为周大庆、周大新、周大祥，后排为周大壬

周元勳故居（石桥弄7号），石桥弄后改名为草桥弄

前排左起：周镛、周红、张绮容、周岷。后排左起：杨文梅、周大壬、周大庆、徐蜜蜜（1996年摄于苏州东港新村）

第六章　落红不是无情物

第一节　宜兴蚕业与三元蚕种场

太湖流域农民历来把栽桑、养蚕当作最重要的副业，这里的气候和土壤条件都很适宜栽桑、养蚕。宜兴有桑蚕农谚，“栽竹养鱼千倍利，不如采桑四十天”“桑是摇钱树，蚕是农家宝”“日不歇，夜不眠，一季春蚕苦出全年种田钱”“一家要靠三只虎，黑（猪）、白（蚕）、黄（稻）能致富”。宜兴农民养蚕规模仅次于无锡、武进、吴县、溧阳。抗日战争全面爆发前最盛时期，宜兴全县全年养蚕种13万张，年产茧4万多担，茧价高达每担110元至120元。民国二十五年（1936），宜兴全县有桑田37690亩，桑树864.4万株，蚕户35658户，养蚕改良区8个。

十里牌乡长圩村是重点老蚕区，抗日战争全面爆发前，这里家家栽桑，户户养蚕，多的一户年产茧六七担。当时茧款主要用来购买豆饼、添农具，是农业生产的主要资金。群众十分重视养蚕生产，宁可当衣买桑苗，养蚕卖茧赎回，尤以和桥、官林、徐舍等地最为兴盛。当时和桥、官林、徐舍曾设置中心育蚕指导所。全境春蚕期共设指导所33所，秋期设25所。各指导所配备蚕桑指导员和助理员，对养蚕进行指导和监督，促进共育催青。民国二十五年（1936），春期有指导员35人，助理员25人，指导3584户，育种12807张，共同催青36985张；秋期有指导员27人，助理员37人，指导3423户，育种6382张。经指导，平均产茧量每张达34.4斤。这一年共有蚕种场7家，春季开茧行57家，有烘茧灶742座；秋季开茧行47家，有烘茧灶429座。春秋两期共销售蚕种82380张，丝厂收购干茧13002担。

宜兴农民栽桑一般都是利用地角、田边的零星地块，不同于无锡、武进等地占用大片土地，因而遇到歉年，蚕茧收入可以聊作经济弥补，而丝价低落时，也不致影响到粮食生产。宜兴桑树品种除湖桑外，还有本地的小青桑。这种桑苗节间密，发条多，产叶量高，发芽早，硬化迟，叶小而薄，叶面较毛，容易扦插成活，是当时农民选择的一种优良品种。

民国十年（1921）以前，宜兴所养蚕种一般是土种，这种蚕种抵抗力低，幼蚕较易发病，每担茧的缫折率不高。宜兴土种缫折率低于武进、溧阳、金坛等地。当时武进、溧阳、金坛等地每500斤干茧可缫丝一担，而宜兴土茧需600斤左右干茧才能缫丝一担。因此上海、无锡等地的缫丝厂对宜兴的茧子兴趣不大。以后宜兴逐步推广改良蚕种，至民国十九年（1930），宜兴全县改良蚕种量已占80%左右，加上当时国外丝价看涨，宜兴蚕业发展迅速。抗战期间，宜兴蚕业受到严重摧残，过去的蚕桑机构被破坏殆尽，日本把大批蚕种运至上海、无锡等地倾销，蚕茧收购又由日本华中蚕丝公司独霸操纵，蚕农深受其苦，纷纷挖桑种粮，全县桑树不及战前一半。抗战胜利后，蚕茧产量仅恢复到此前的一半。

民国期间的蚕桑技术推广，主要由育蚕指导所负责，稍早的有民国十五年（1926）四月，宜兴、溧阳、金坛、丹阳四县蚕业公司在徐舍镇创办的女子蚕桑传习所，共招取学员80人，培养育蚕技师。民国二十三年（1934），江苏省成立蚕桑改进管理委员会，在无锡、金坛设立模范区，在武进、宜兴、溧阳等11个县设立蚕桑改良区，实施茧行统制、蚕种统制，并办理育蚕指导所，负责蚕户的技术培训。这一年秋季成立7个指导所，配备12个指导员。从民国二十三年（1934）春期到民国二十五年（1936）秋期，共举办培训班4期，学员250人，集中在徐舍、和桥中心所训练，以后逐步巡回培训，以点带面。学员毕业后被分至浒墅关、镇江等地蚕种场实习。最多时，宜兴全县有中心指导所3所，指导所30多所，每季指导蚕户3000多户。

民国二十五年(1936),全县桑叶充足。为了充分利用余叶以增加收入,省蚕业改进管理委员会提倡饲育晚秋蚕。当时,周元勋任无锡县蚕桑模范区主任,他经营的浒墅关三元蚕种场正红红火火,他们的改良蚕种颇有名气,他全力支持宜兴县蚕区开创饲育晚秋蚕的先河,为家乡人民造福,推广科学养蚕,无私地支持家乡人民的养蚕事业。当年全县饲养了2696张晚秋蚕种,由浒墅关三元蚕种场提供。

第二节　故国桑梓情

——蚕桑丝专家葛敬中

一、葛敬中其人

葛敬中（1892—1980），字运城，1892年1月8日生于浙江省嘉兴县钮家滩。蚕业教育家，企业家。历任南京高等师范学校（后为国立东南大学教育科）园艺系教授、系主任和第三中山大学（后为浙江大学）蚕桑系教授、系主任。此后又创办无锡女子蚕桑讲习所（后迁镇江改为女子蚕桑学校）等多所中等蚕业技术学校，培养了一大批蚕业科技人才。1926年创办镇江蚕种场，1939年创办云南蚕业新材公司，为振兴苏浙和西南蚕业做出重要贡献。

葛敬中生在农村，长在农村，从小就接触养蚕、栽桑。杭州安定中学毕业后考入北京大学，1913年毕业，随即赴法国都鲁斯大学攻读园艺学兼学养蚕学。1916年回国，任北京农业专门学校园艺系教授。

葛敬中

1919年，南京临时政府任命葛敬中为中国合众蚕桑改良会监理、总技师。该会的宗旨是改革和发展苏、浙、皖三省蚕丝生产事业。葛敬中就任之初认为我国蚕桑技术人才缺乏，生产技术落后，是蚕丝业衰落的重要原因，要复兴和发展蚕丝事业，首先要大力培养蚕桑技术人才。

1924年，葛敬中兼任国立东南大学（后改为中央大学）教授、蚕桑系主任。他多次向学生阐述自己担任系主任的目的，就是要为复兴我国蚕丝事业培养人才。他一再教育学生要“学蚕桑，忠本行”，献身蚕丝事业，矢志不渝。1928年，第三中山大学农学院（后改为浙江大学农学院）创办蚕桑系，聘葛敬中为教授、系主任。为提高教学质量，葛敬中提倡学习日本的先进科学技术，延聘小见益男、松田义雄和后藤辰五郎三位日本教授讲授蚕丝业务课，并邀请日本著名蚕学家田中义磨博士来校设特别讲座，主讲蚕生理学、蚕解剖学、蚕遗传学等基础课。在葛敬中的主持下，当时蚕桑系的师资和设备在农学院是比较好的，学生也比其他系多。国立东南大学和第三中山大学是国内较早设立蚕桑系的两所高等学府。葛敬中出任两校的蚕桑系主任，为振兴我国蚕丝事业、培养蚕桑技术人才做出了贡献。

葛敬中还重视培养中级蚕桑技术人才。1928年春，他会同中国合众蚕桑改良会总技师何尚平创办无锡女子蚕桑讲习所。翌年，该所迁至镇江，改为女子蚕桑学校，学制三年。参照上海中华职业教育社的办学方式，镇江女子蚕桑学校实行课堂学习与蚕桑生产实习并重的方针，从创办到抗日战争中被迫解散，历时十余年，先后培养出中级蚕桑技术人才三百余人。

1934年全国经济委员会成立蚕丝改良委员会，葛敬中任常委兼技术室主任。在他的主持下，江苏省女子蚕业学校和镇江女子蚕桑学校开办蚕桑指导人员养成所，学制两年，毕业生两百多人。这些技术人才散布在全国各地，为发展我国蚕丝事业发挥了促进作用。

二、创建蚕种生产基地　加速繁育良种

中国合众蚕桑改良会为提高我国蚕丝品质，提高产量，扩大出口，首先从繁育优良蚕种着手。葛敬中认为镇江、南京一带为丘陵地区，土质疏松，容易排水，地面宽大，地价低廉，养蚕者少，感染蚕病

机会较少，适合栽桑养蚕、建立蚕种场。他在东南大学教栽桑学时说："将来中国的新蚕业，要尽量到相对地广人少的地方去开展。所以以后的种桑区域，要尽量利用荒山、荒地和水利不便之地。种桑的地方，要与种高粱、玉蜀黍、豆、麦的地方去竞争，尽量让出可耕地栽水稻。那么解决民食与降低蚕桑成本，双方可兼顾，同时新蚕业亦可出现新面目。"他的主张，获得中国合众蚕桑改良会会长和董事会同意，中国合众蚕桑改良会委任他为场长，物色适当地点，筹建蚕种场。

1926年，葛敬中由冷御秋协助，选定镇江四摆渡为场址，在沿铁路线南侧一带先后购得土地350亩，其中大部分是满目荆蓁、荒冢累累的土阜。葛敬中常驻四摆渡，筹划建场事宜。首先采用深耕法垦荒种桑。凡高阜地区，先开深0.83米、1米见方的深穴，将土掘起，使之风化；稍平坦地区则开成深0.5米、宽0.67米的沟，栽密植桑。当年共栽植低刈和中刈桑苗约4万株。由于技术措施得当，栽种后桑苗肥芽怒放，发育繁茂。同年10月开始兴建蚕室附属室和宿舍等，至1927年3月建成。

推广秋蚕种，是创办镇江蚕种场的主要目的之一。为此，必须建立蚕种冷藏库，将春蚕种冷藏，然后进行人工孵化，繁育成秋蚕种。镇江蚕种场决定兴建当时较先进的氨冷藏库，资金由无锡永泰丝厂和上海瑞纶丝厂两厂捐赠，但在技术上国内尚无经验可供借鉴。为此，葛敬中偕夫人胡咏絮（苏州女子蚕桑学校早期毕业生，当时担任镇江蚕种场场务帮办）前往日本考察。1927年2月，两人回国后即订购设备，开始动工，至同年5月建成氨冷藏库。这是我国各蚕种场中第一座冷藏蚕种用的氨冷藏库。

1927年，镇江蚕种场聘请戴中寰、夏楚白、日本技师佐濑旭、译员赵烈等技术人员，同时购进新白、正白两种日本原种。除春、秋两期培养少量原种供自用外，春期饲育蚁蚕312克，制成正白和新白正反交一代杂交种一万一千余张，全部入库冷藏做秋蚕种之用。以后大量生产人工孵化种，为苏、浙两省大规模饲养夏秋蚕奠定基础。

栽桑品种应该适合制种需要。镇江蚕种场除栽植大片湖桑和鲁桑供饲育壮蚕外，还栽植市平桑、鼠返利桑等山桑系品种约万株，供饲育稚蚕之需。国内各蚕种场分别栽植稚、壮蚕用桑，以镇江蚕种场为开端。

当时社会上有人看到镇江蚕种场创办伊始即成绩显著，也想投资开办蚕种场。葛敬中认为，镇江蚕种场既为中国合众蚕桑改良会所创办，负有改良蚕业的责任，对于正在兴办的蚕种场应当尽力给予协助，于是，从1929年至1930年先后对裕民、益民、永泰、瑞昌、三益、均益、黄墟、明明等新办蚕种场，在垦荒植桑、供应原种、代检母蛾、代销蚕种等方面提供技术指导和服务，并逐步发展成合作蚕种场，调陆星恒为总技师。这个合作蚕种场的成员从几个增加到十余个，桑田从两百余亩扩大到四千余亩，机器冷藏库从1个增加到4个，投资从5万元增加到100万元，春、秋两期蚕种产量从3万张提高到120万张，蚕种运销范围从苏、浙两省扩大到山东、四川、安徽、湖北、山西、广东，直至远销国外。

自从邻近蚕种场兴起后，原种需求量激增，国内供给不足，向日本求购，既不经济，而且日本原蚕种也非尽善尽美。镇江蚕种场论人才、设备，可以从繁育普通种转为繁育原种，以满足需求。因而场方决定增加原原种蚕饲育蛾数。1929年后春期饲育原原种250蛾，制成原蚕种1733张；秋蚕期又制成原蚕种2110张。嗣后每年有增加，至1937年产原蚕种达2万张，一代杂交种6万张。

当时各地蚕品种庞杂，茧丝质量差，微粒子病猖獗，严重影响茧丝生产。因此葛敬中十分重视蚕品种改良工作。为了加快改良品种，他千方百计通过日本友人从日本引进体质强、丝量多、丝质优的新品种原种，经过试育，选择适合我国环境条件的优良品种，大量繁育原种，以供繁育普通种之用。这是改进蚕品种最容易见效的方法。为此，镇江蚕种场在原种部、普通种部之上，又增设实验部，进行品种比较试验。

1931年，春期试验证明魁白（即华五）的解舒和丝量颇令人满意，秋蚕期立即繁育普通种。发给蚕农饲养后，成绩卓著，获利倍增，丝厂亦收购到品质优良的丝茧。为增加生产，镇江蚕种场和邻近各场大量繁育魁白的一代杂交种。嗣后各蚕区欢迎该品种系统的蚕种，不能不说是镇江蚕种场率先大力提倡的结果。

以后采用原蚕品种华六、西巧、化桂、沄真等，都是为了更有利于蚕农丰产丰收，丝厂获得丝量更多、品质更优的原料茧。例如比魁白更优良的品种化桂，秋蚕期各蚕种场共同迅速繁殖其一代杂交种，而浙江吴兴、德清、嘉兴一带的蚕农在选购蚕种时，几乎达到非化桂不养的程度。由此可见，当时的蚕农亦已认识到新品种的优点。

为了迅速繁育比华六、化桂更加优良的新品种，1935年夏，镇江蚕种场特派技师赴日本，搜罗到洽桂、华七等新品种原种。回国后场方立即着手繁育，于晚秋时期即制成一代杂交种，随后连同附近几个蚕种场，共繁育了4万余张，供应第二年春蚕期推广饲育。

苏浙农村向来利用批芽叶饲育夏蚕，但其蚕种全是土种，不仅体质虚弱，茧丝质量差，还带有病菌。为改良夏蚕品种，镇江蚕种场选出广寒、广麻和华六的一代杂交种推广试育，获得成功，大受蚕农欢迎。各地需求量竟达10万张以上。后因广麻原种数量少，仅繁育成6万多张，供应各地饲养夏蚕。

随着土种的淘汰，改良蚕种的需求量激增，供不应求，浙江省缺种的情况尤其严重。为此，葛敬中在1933年向浙江省建设厅建议，创办了嘉兴分场蚕种场，其自己兼任场长。在南浔祝家选定饲育原蚕的农户，采下种茧运送嘉兴，经检定合格者制蚕种，从而大量繁育出改良蚕种，解决了浙江省养蚕需种之急。这一方式，就是现今浙江蚕种场实行的原蚕饲育区的雏形。

由于葛敬中的倡导示范、苦心经营，到抗日战争全面爆发前夕，在镇江四摆渡、高资、桥头至南京一带，已经形成一个规模宏大、年产一代杂交种约六十万张的改良蚕种生产基地。

1934年，葛敬中兼任全国经济委员会蚕丝改良委员会常委和技术室主任。葛敬中就任以后，先后在江苏金坛县，浙江萧山县、杭县设立了3个蚕桑模范区；在安徽全椒县，山东临朐县，湖北天门县，四川潼南县、巴县、江北县、璧山县等地设立蚕桑指导所；在南京小行镇设立蚕丝研究所，并委托江苏省立女子蚕业学校创办两年制制丝专修科和蚕业指导人员养成所，共招生两百余人；在金坛、无锡、嘉兴、杭县、临朐等5县改进缫丝设备，装置新式烘茧机8台，同时改进收茧办法。此外，还设立苏浙蚕种业指导委员会，指导各蚕种场提高蚕种品质。

葛敬中的上述工作，对促进和提高各地，特别是苏、浙两省蚕丝生产技术，起了重要作用。

三、开发振兴川滇蚕丝事业

1937年，日本帝国主义大举入侵中国，葛敬中撤往四川，积极筹划发展大后方的蚕丝生产。当年镇江各蚕种场的大批技术人员以及江苏省立女子蚕业学校的毕业生和在校学生，连同十多万张蚕种后撤四川。葛敬中竭尽全力为他们安排适当工作，使四川的蚕丝业增添了新生力量，对推动四川蚕丝业在抗日战争时期的发展壮大起了一定作用。

1938年，重庆国民政府特命葛敬中、何尚平、朱维谷、王恭芳组成代表团出席在法国巴黎召开的国际蚕丝会议。

1939年，葛敬中转往云南，看到云南气候温和、土地肥沃，认为对发展蚕丝业十分有利。他当年在法国留学时曾受到巴黎公社及勤工俭学的启发，此后又曾看到邹韬奋在《生活周刊》上发表的访苏通讯报道，对苏联的集体农庄组织颇为向往。因此，他向云南经济委员会负责人缪云台建议，在蒙自草坝建设一个中国式的集体农庄——蚕业新村。他向缪云台阐述，建设蚕业新村有三点好处：一是可以充分利用社会游资；二是可以使撤退至大后方的苏、浙蚕丝技术人员及本地劳动人民增加就业机会；三是可以促进生丝外销，增强抗战国力。缪云台对葛敬中的建议非常赞同，即聘葛敬中为云南蚕业新村公司经理。中央大学、浙江大学蚕桑系毕业的许多学生，镇江各蚕种场的技术人员，镇江女子蚕桑校的毕业学生，纷纷来到草坝，加入蚕业新村；有的农民全家迁来蚕业新村落户。大家同心协力，在草坝开垦荒地8000亩，栽桑树，建蚕室，办丝厂，生产逐年发展，先后建成4个蚕村。又在蚕业新村内开办蚕桑技术训练班，从湖南招收流亡学生来校学习栽桑、养蚕技术，为蚕业新村培养基本技术力量。原来荒草遍野的草坝，变成了桑树成片的新蚕村。抗日战争胜利后，苏、浙两省改良蚕种供不应求。云南蚕业新村公司加强繁育蚕种工作，最多年份产量达约二十万张，除供云南本地推广所需外，绝大部分运往苏、浙，缓解了苏、浙蚕种不足的燃眉之急。

在云南期间，葛敬中还协助云南建设厅筹划发展云南蚕桑事业，与云南建设厅蚕桑改进所副所长常会宗共同协助云南大学农学院增设蚕桑专修科（后改为蚕桑系），培养高级蚕桑技术人才；推动蚕桑改进所在滇西楚雄、大姚、大理、弥度、永胜等县成立蚕桑推广区；筹办女子蚕桑培训班，培养当地妇女学习蚕桑技术，还动员镇江女子蚕桑学校未毕业学生来楚雄继续修完学业，体现了他的发展蚕丝事业要以教育为本的初衷。

四、抗战胜利后大力恢复蚕丝生产事业

抗日战争胜利后，葛敬中回到上海出任中国蚕丝公司总经理。鉴于沦陷期间苏、浙等省蚕丝业遭到敌伪严重摧残，桑园荒芜，丝厂倒闭，工人失业，蚕农无以为生，葛敬中提出以辅导民营和实验示范为主的业务方针。在辅导民营方面，首先向云南蚕业新村公司预订大批改良蚕种航运到苏、浙，为推广饲养春蚕提供蚕种；同时又设立培育桑苗指导所，辅导农民大量增植嫁接桑苗，以满足补植新桑所需；推动丝厂、绸厂积极恢复生产，帮助解决各厂恢复生产中存在的困难。在实验示范方面，中国蚕丝公司筹办了示范桑苗圃、示范桑园、实验养蚕指导所、实验蚕种场、实验缫丝厂、实验丝绸厂、绢纺厂以

及蚕桑研究所等单位，并资助有关学校和科研单位开展蚕桑研究。这些措施对恢复抗日战争胜利后的蚕丝生产起了推动作用。

葛敬中1948年底脱离中国蚕丝公司，全家迁居香港；1952年接受联合国粮农组织聘请前往阿富汗指导蚕丝生产事业；1964年去巴西开发蚕桑生产。

葛敬中在海外期间，仍关心祖国的蚕丝事业，曾多次从国外寄回不少优良蚕品种。1964年，他就从巴西给在安徽省农业科学院蚕业研究所工作的兄弟葛景贤寄过一对优良品种蚕种。葛景贤将该蚕种交给蚕业研究所繁育，并定名为华合东肥。经试养，该蚕种成绩特佳，成为十余年来全国春蚕的通用品种。葛敬中此举，体现了他萦怀祖国，献身蚕丝事业的赤子之心。

五、葛敬中简历

1892年1月8日，出生于浙江省嘉兴县。

1913年，毕业于北京大学。

1913年—1916年，在法国都鲁斯大学攻读园艺学和养蚕学。

1916年—1919年，任北京农业专门学校园艺系教授。

1919年—1932年，先后兼任南京高等师范学校园艺系教授、系主任，东南大学蚕桑系和第三中山大学农学院蚕桑系教授、系主任。

1919年—1938年，任中国合众蚕桑改良会监理、总技师；创办镇江蚕种场、浙江省嘉兴分场蚕种场，任场长；创办女子蚕桑讲习所（后改为镇江女子蚕桑学校）。

1939年—1945年，任云南蚕业新村公司经理。

1945年—1948年，任中国蚕丝公司总经理。

1948年，迁居香港。

1952年—1961年，由联合国粮农组织派驻阿富汗，任农业顾问。

1964年—1976年，在巴西圣保罗省开发蚕桑事业。

1980年12月22日，在美国洛杉矶遭车祸逝世。

第三节 崇尚科学 诲人不倦

——蚕丝专家邹景衡

无锡最早的乡报《泰伯市报》在民国十七年八月十五日（1928年9月28日）第二版的“大事记”中报道：本市前市董事邹茂如之公子邹景衡留学日本，研究蚕丝，今夏已毕业，曾回国省亲，并在无锡永泰丝厂实习。

邹景衡，1901年出生于今无锡市鸿山镇后宅西街。童年就读于养正小学（后宅中心学校前身）、俟实小学（无锡市连元街小学前身），后进入江阴南菁中学。1924年东渡日本，1928年毕业于东京高等蚕丝学校制丝科。学成返国后，应无锡永泰丝厂厂主薛寿萱（薛福成之孙）邀聘佐理厂事。1935年，无锡各丝厂联合组成公司，出任总技师。当时永泰总厂加同子厂共16爿，缫丝车多达6674台。

1932年1月28日，日军入侵上海，战事发生，商业萧条，丝价骤降。迫于形势，薛寿萱派毕业于美国麻省理工学院机械科，获硕士学位的族侄薛祖康于3月赴美，推销茧丝。此举“为国人丝厂，直接外销之始。无锡电信局因永泰之关系，开始接受电报”。邹景衡代理厂长时，十分注重职工的业务培训。邹景衡在永泰丝厂任职期间，改造日本御法川式多绪缫丝机，提高缫丝女工素质，成效卓著。根据蚕桑业的经验，蚕茧丝一般春粗秋细。永泰丝厂在短时期内并丝后的丝条，匀度、净度、韧度均超过周边产丝国所产之丝，缫出的秋茧丝完全可与日本产的90分多条丝相匹敌，令日商刮目相看。那时经纽约永

无锡永泰丝厂

泰公司销售出的生丝约两万五千包（每包一百公斤），占上海年出口生丝总数的一半。永泰丝厂还创出了商标为“金双鹿”和“万里长城”的中国牌丝，驰名海内外。

1937年，七七卢沟桥事变发生，抗日战争全面爆发。其时，日方成立华中蚕丝公司，日本东京高等蚕丝学校制丝科同班同学御法川四郎出面，邀聘邹景衡出任华方总经理。邹景衡托词推辞，蛰居不出。而在1945年抗战胜利前夕，他却奔走说服日本友人保留在华所经营的华中蚕丝公司的全部文献资料，为嗣后成立中国蚕丝公司铺平道路。不久后，他出任中国蚕丝公司技术处处长，统掌所属各厂制丝技术。

1948年冬，邹景衡举家迁台（大儿子留大陆）定居苗栗。他在《我与永泰丝厂》一文中回忆，“此后即因屡遭失业，而备受困苦。目下则因子女已长大，生活赖以改善，现以研究中国古代蚕丝业史，作为消遣”。

1992年春，邹景衡因心肌梗死谢世于台北，享年91岁。

（作者注：邹景衡先生是张绮容在无锡永泰丝厂蚕丝班的启蒙老师。）

第四节　润物细无声

——我的父亲张季芳

张沁源

我的父亲张季芳于1904年1月13日，出生在江苏无锡。父亲天性聪明，幼时在私塾读书，因而有很好的古文功底，且写得一手漂亮的小楷。父亲十六岁左右即离家在丝绸行当学徒，二十余岁随兄创业，1926年起先后在其兄长经营的泰生丝行、振丰丝厂、禾丰丝厂、泰丰丝厂、润康丝厂参与经营活动。1934年，父亲与其他丝厂实业家共同投资组建兴业制丝股份有限公司，任该公司董事。兴业公司在1936年春茧期前正式开业。1937年起，父亲与其他兄弟合资创建鸿丰公司，任董事长。由于办事果断、用人得当，再加上蚕种和缫丝两手都抓的经营方式，父亲的缫丝事业发展很快，在上海、杭州等地又开设了分厂。父亲经营丝绸的同时，还在上海、苏州、杭州、无锡等地经营房地产。中华人民共和国成立后，有人劝父亲把厂迁至香港，但被父亲拒绝了。因为他知道，真正的缫丝

张季芳

吴民真

张季芳的五个孩子，自右至左：张沁源、张毓青、张肇源、张铮源、张宛青

张季芳苏州故居（苏州市西百花巷）

业，必须在江南这块土地上。他期待在新的历史条件下，这些丝厂能有更大的发展。为此，父亲响应政府继续生产的号召，不但要求现有各厂必须与国营公司签订合同，还另筹资金，增设无锡鸿丰丝厂。

不幸的是，由于受家族中其他成员的牵连，父亲于1951年蒙冤入狱。为洗刷冤情，还自己一个清白之身，父亲后半生的精力几乎全花在上诉和整理材料上。

父亲性格刚强，嫉恶如仇，看到不平之事，即便受到种种限制也依然会挺身而出。在亲友和小辈的眼里，他始终是一位和谐可亲的老人。他能上能下能吃苦，说话一言九鼎。“文革”期间，父亲只身居住在简陋的小屋里，把大房子让给了我们子女。他说，这是对我那过早去世的母亲的承诺。是的，我母亲吴民真（1918—1967）是他难以割舍的情结。在八十余岁的高龄，他依然拄着拐杖，在我们的搀扶下，沿着崎岖的山路，步行1个多小时，来到位于洞庭东山半山腰的我母亲的墓前，表达自己的思念和不变的承诺。现在，按照父亲的遗愿，我们将他和母亲葬在了一起。愿他们在天之灵安息。

父亲待人真诚，关爱小辈和亲友，对曾在困难中帮助过他的亲友和小辈更时刻铭记在心。父亲牵挂着在外地的子女，常用他那颤颤巍巍的手捏着笔一个字一个字地给子女写信。父亲对身旁的子女和孙辈处处关心、体谅，尽管已年迈，还是会做力所能及的家务帮助儿孙辈。父亲晚年躺在病榻上，仍不住念叨着自己的子女、兄弟姐妹、昔日的同行和亲友，且处处为子女着想，不愿意过多麻烦子女。父亲待我们真是舐犊情深、恩重如山。1990年1月19日，父亲因病逝世，享年86岁。二十多年过去了，父亲的音容笑貌，父亲那博大宽厚的爱，永远蕴藏在我们心底，我们要像父亲那样做正直、刚强、勤奋的人。

（本文作者系张季芳长子，上海华东师范大学教授）

第七章　“一带一路”共赢发展

第一节　开辟丝路第一人
——张骞

2017年9月20日，中国邮政发行《张骞》邮票一套2枚及小型张1枚。《张骞》是继《关公》《诸葛亮》《包公》《玄奘》之后，我国发行的第五套中国古代人物系列邮票。

张骞（前164—前114），字子文，汉中城固（今陕西省城固县）人。中国古代杰出的外交家、探险家。张骞一生曾两次出使西域，行经大宛、康居、大月氏、大夏、于阗等地，足迹遍及中亚、西亚各地，开辟了中国与西域诸国沟通往来之路，被视为开拓丝绸之路的第一人。自张骞以后，中原与西域关系密切，往来不断，政治、经济、文化交流频繁。张骞对开辟中国通往西域的丝绸之路所做出的卓越贡献，至今为世人称道。

公元前2世纪，张骞从汉长安城出发，历经20年，凿空万里，两使西域，开辟了著名的丝绸之路，与西域各国建立了友好关系，为中外政治、经济、文化交流做出了前无古人的伟大贡献，被誉为“第一个睁开眼睛看世界的中国人”。

张骞第一次出使西域，是建元三年（前138），张骞“以郎应募，使月氏”。“郎”为皇帝的侍从官，没有固定职务，又随时可能被授以重任。张骞出使西域是为实现汉武帝联合大月氏共同抗击匈奴之战略意图。他从长安率队出发，至陇西一带，被匈奴截住，拘禁了十多年。张骞持节不失，始终保持汉朝特使气节。他被匈奴单于逼迫，娶当地女子为妻，还生了儿子，却丝毫没有动摇出使月氏的决心。他终于找到机会率部属逃离匈奴，向西急行，越葱岭，经大宛，过康居，抵大夏（今阿姆河流域），最后来到大月氏国，却得不到大月氏国联合抗击匈奴的响应，只好归国。归国途中张骞又被匈奴截住，拘禁了一年多，后因匈奴内乱，才得以脱身，历经千辛万苦返回长安。他出使时率一百多人，返回时只剩下他和堂邑父两人。这一次出使西域，虽未达目的，但他对西域各国的地理、物产、风俗习惯有了比较详细的了解，为汉朝开辟通往中亚的交通要道提供了宝贵的经验。

元朔元年（前128），张骞随大将军卫青出征，由于熟悉沙漠的地理环境，“知水草处，军得以不乏”，立下大功，被封“博望侯”。

元狩二年（前121），骠骑将军霍去病直捣匈奴老巢，大败匈奴，形势发生了大的变化。此时张骞向汉武帝提出“联络乌孙，再抑匈奴”的建议，遂被封为中郎将，第二次出使西域。他率领300人，每人备双马，带牛、羊万头，金帛货物价值“数千巨万”。联络乌孙成功后，他又遣副使持节到大宛、康居、月氏、大夏等国。元鼎二年（前115），乌孙王派数十人护送张骞回到长安。

元鼎三年（前114），张骞病逝于长安，归葬故乡汉中城固。现在城固有张骞墓，被列为丝绸之路“长安—天山廊道”路网世界文化遗

凿空西域

开辟丝路

帕米尔高原上的塔什库尔干石头城(喀什)

丝路充满了挑战、困难、艰辛，包括穿越塔克拉玛干大沙漠

产项目。

张骞是丝绸之路的开拓者，他将中原文明传播至西域，又从西域诸国引进了汗血马、葡萄、苜蓿、石榴、胡麻等物种到中原，促进了东西方文明的交流。

第二节 “一带一路”的核心理念

“一带一路”（The Belt and Road，缩写B&R）是“丝绸之路经济带”和“21世纪海上丝绸之路”的简称。“一带一路”旨在借用古代丝绸之路的历史符号，高举和平发展的旗帜，积极发展与沿线国家的经济合作伙伴关系，共同打造政治互信、经济融合、文化包容的利益共同体、命运共同体和责任共同体。

2017年5月14日至15日，第一届“一带一路”国际合作高峰论坛在北京举行。本次高峰论坛以“加强国际合作，共建‘一带一路’，实现共赢发展”为主题，由开幕式、领导人圆桌峰会、高级别会议三部分组成。议题以政策沟通、设施联通、贸易畅通、资金融通、民心相通为主线，围绕基础设施、产业投资、经贸合作、能源资源、金融合作、人文交流、生态环境和海上合作等重要领域进行讨论。这是中国首倡举办的“一带一路”建设框架内层级最高、规模最大的国际会议，包括二十九位外国元首和政府首脑在内的来自一百三十多个国家和七十多个国际组织的约一千五百名代表出席了此次高峰论坛。

“一带一路”国际合作高峰论坛纪念邮票

2017年5月14日，中国邮政发行2017—10

《“一带一路”国际合作高峰论坛》(J)邮票(全套一枚)。邮票图案中,主体为“一带一路”国际合作高峰论坛标志,以流动的线条图案为背景,与主体相呼应,线条本身还可视为丝绸、飘带和纽带的简化。选择华表与和平鸽作为设计元素,是想表达出这样一些理念:爱好和平是中华民族的优良传统、和谐共存有利于人类发展等。邮票图案中的城市剪影,以北京天坛为中心,左侧依次为北京国家体育馆、甘肃嘉峪关、新疆苏公塔,右侧依次为泉州东西塔、广西文昌塔、上海东方明珠、广州塔。同时在图案前景中加入了现代交通以及能源、经济的设计元素,以形成历史与现实交汇的视觉传达来呼应主题。在高峰论坛标志两侧,以吉祥“云纹”和“水纹”来象征“丝绸之路经济带”和“21世纪海上丝绸之路”。

史书文献和出土文物证明,早在公元前,中国的丝绸就从陆、海两条通道销往国外。但由于早期海上交通比较落后,那时丝绸出口的主要通道是陆上丝路。直到唐代以后,随着国家政治中心南移,以及航海和造船技术的发展,陆上丝路的地位才逐渐让位于海上丝路。到了元代,蒙古的西征,使中、西亚的经济遭到很大破坏,陆上丝路更加衰落。

到了明代,三宝太监郑和奉明成祖朱棣之命,自明永乐三年(1405)起,率领庞大的船队自太仓刘家港起锚,七下西洋,遍访三十多个国家和地区,最远航程六千余海里,到达了非洲东岸和红海海口,为中外航海史上之壮举,促进了中国和亚洲各国经济文化的交流和发展。

第三节　丝绸之路与地名邮戳

在我的邮册中，放着一组丝绸之路地名邮戳，每当我打开邮册，看到这些地名邮戳时，一种激动与自豪之情，立刻洋溢在心里。丝路是中华民族的骄傲！她记载着我们祖先在这片大地上写下的灿烂历史。

丝绸之路的主要路线从长安（西安）出发，向西经河西走廊至敦煌，分成几线。其中一线经新疆高昌（吐鲁番）翻越天山，沿塔里木盆地北缘，到达疏勒（喀什），由西翻过葱岭，进入中亚西亚、伊朗高原、小亚细亚等地；另一线从敦煌进新疆后，沿塔里木河南面的通道，经若羌、和田等地到达莎车，往西翻越葱岭。以上两条路线交会于今俄罗斯的马里埃尔共和国，然后再经过伊朗的达姆甘、哈马丹和伊拉克的巴格达等地，抵达地中海东岸，转达罗马各地。丝绸之路另一条也由流经新疆北面的伊犁河流域，取道伊塞克湖地区（今吉尔吉斯斯坦境内），亦有取道海上者，称为“海上丝绸之路”。

西北五省区集邮联展——甘肃

西北五省区集邮联展——陕西

西北五省区集邮联展——青海

两千多年前，张骞“凿空”的西域古道，出现过“驰命走驿，不绝于时日，商胡贩客，日款于塞下”的盛况。在这条从长安到地中海东岸长达七千多公里的道路上，我国和西方44国交往。在这时空远迈的沙海，历史线条的交错，宗教信仰的不同，流沙的侵蚀，使得多少繁华的古城，今天变成了废墟。丝路历经沧桑，但就是这条路，却体现了我们民族不屈不挠的性格，体现了我们伟大祖国对外开放的博大胸怀。

丝路开辟了中外文化与物资交流的新纪元。经由丝路，西域出

西北五省区集邮联展——宁夏

西北五省区集邮联展——新疆

产的葡萄、核桃、胡椒等传入大汉帝国，汉朝的先进农业生产技术、打井技术、炼铁技术也传到西域；西域的音乐、舞蹈、绘画、杂技、琥珀、玛瑙、水晶、玉石、地毯等传入大汉帝国，汉朝生产的丝绸、瓷器等源源不断地运往西方。因此丝路也被称为“丝瓷之路”。

千余年间，无数商人、驼队在陆上丝绸之路穿梭，无数船舶在海上丝绸之路来回航行。中国的丝绸就像一个妩媚多姿的女人，从中国的乡间小道走出，或穿越大漠戈壁，或远涉重洋，开始了人类历史上时间最为持久、路程最为漫长、内容最为丰富的一次文明之旅。

这绝非一条普通的路，而是我们民族精神的象征。现代人用飞机、火车、汽车穿行，尚且视之为畏途，更何况古人通行时的艰辛！从长安出发，第一站到达咸阳，那里的渭水上建有一座灞桥，游子离乡，送行的人到此为止。唐代大诗人王维有诗云：“渭城朝雨浥轻尘，客舍青青柳色新。劝君更尽一杯酒，西出阳关无故人。”浪漫主义大诗人李白《忆秦娥》中这样描写：“乐游原上清秋节，咸阳古道音尘绝。音尘绝，西风残照，汉家陵阙。”意境更是悲凉激越。所谓咸阳古道，即丝绸之路的起点。由此可以想象，当时往西域的人，离乡背井、出征异域的心情。

位于河西走廊上的敦煌，历史上曾经是一个十分繁华的都市。张骞、班超出使西域时路过这里，唐玄奘去西方取经也经过此地。它是丝路的咽喉。盛唐时各国使臣、商旅云集敦煌。元代以后，由于海路交通的兴起，丝路再也不是通往西域的唯一通道。后因战乱，敦煌一带衰落，但它依然以瑰丽无比的艺术宝藏，吸引着全世界的旅游者，使人倾倒。敦煌的莫高窟是中华民族古老辉煌的文化精英。你走进石窟，会感到好像走进了一座艺术的圣殿。从一尊尊佛像上尤其是“飞天”壁画上，可以看到女性的温柔、妩媚、善良，男性的威武、正直、勇猛。这是千百年前艺术家给他们注入的生命，至今还令人神思飞遐……这里既充满了天上世界的神秘色彩，又富有人间的生活气息……

敦煌的西北面是玉门关，西南面是阳关，阳关是丝路出塞的关口。唐代另一位大诗人王之涣有名诗：“羌笛何须怨杨柳，春风不度玉门关。”这可不是他凭空臆造的，而是他亲度玉门的感受。一个沙丘接着一个沙丘，遍地是骆驼刺、芨芨草，风沙时时逞狂，胡人用羌笛吹着《折杨柳》的曲子，倾吐出忧愁哀婉的离情，但在玉门关外，到得春来，连杨柳也不会发芽泛青，纵有离情，又向谁诉说！

没有到过新疆，你确实无法想象大戈壁的辽阔浩瀚。塔里木盆地边缘是丝绸古道的遗迹。有时候，数百里看不到一星半点生命的痕迹，当地人称塔里木盆地是“塔克拉玛干”，是“进得去出不来”之意。无怪乎唐代边塞诗人岑参作诗曰：“君不见走马川行雪海边，平沙莽莽黄入天。轮台九月风夜吼，一川碎石大如斗，随风满地石乱走。”由此可以想象到在此行走的艰难。也只有穿越绝顶荒凉的大戈壁，才能深深地体会和理解丝路的价值。

中华人民共和国成立以来，特别是党的十一届三中全会的和煦春风，不仅吹遍了神州大地，而且还给丝路带来了前所未有的巨变……昔日塔里木盆地边缘的土地上，如今已有了现代化的高速公路，纵横交错的林荫大道平地而起，每天成千上万辆汽车飞驰在古道上，丝路显得更具有魅力，更富有朝气。

我在新疆生活、工作了二十多年，从西安开始，收集了数百枚地名邮戳，这些邮戳把我国陆上丝绸之路形象地连缀起来。20世纪80年代，我调回苏州工作。苏州是丝绸的故乡，苏州生产的丝绸，色泽艳丽，图案雅致精美。早在元代至正年间，这里就有了宫廷特设的织造局；到了明代，已是“东北半城，万户机声”。现在苏州生产的丝绸，产量之多，质量之高，都非古代人们所能想象。1986年，苏州建城两千五百周年时，为了表达对丝绸之路具有重要影响的意大利罗马人民的友好，我给罗马邮政总局局长写信表示问候，并随信赠送了中华人民共和国第一位邮票设计家孙传哲设计的苏州园林邮票（留园、拙政园）。很快，罗马邮政总局副局长回信给我表示感谢，并回赠了一枚威尼斯水城邮票。方寸之中，体现了意大利人民对中国人民的一片深情。

回赠的威尼斯水城邮票

通过对丝绸之路地名邮戳的收藏、科学考证、分析和整理，我增加了人文地理、历史、古代文学、外文方面的知识，同时得以广交邮

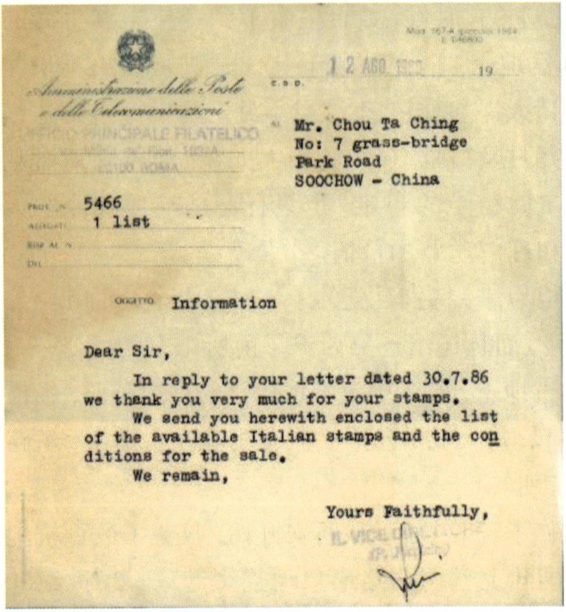

Amministrazione delle Poste e delle Telecomunicazioni

UFFICIO PRINCIPALE FILATELICO

ROMA

12 AGO 19

Mr. Chou Ta Ching
No: 7 grass-bridge
Park Road
SOOCHOW - China

PROT. N. 5466
ALLEGATI 1 list

OGGETTO Information

Dear Sir,

In reply to your letter dated 30.7.86 we thank you very much for your stamps.

We send you herewith enclosed the list of the available Italian stamps and the conditions for the sale.

We remain,

Yours Faithfully,

IL VICE DIRETTORE

罗马邮政总局副局长的回信

友，陶冶情操。寓教育于集邮之中，我也加深了对中国邮政的了解，似乎看到了历史。巨人的足迹，在沙海古道上熠熠发光。在沙的世界、风的自由王国里，我仿佛看到了丝绸之路上淳朴的风土民情和神奇的大漠风光，我也依稀听到了低沉、缓慢、悠扬的驼铃鸣响声。骆驼，它便是“任重道远”的象征啊！

第八章　天上取样人间织

第一节 丹青难写是精神

《周书》曰："农不出则乏其食，工不出则乏其事，商不出则三宝绝，虞不出则财匮少。"财匮少而山泽不辟矣。此四者，民所衣食之源也。原大则饶，原小则鲜。上则富国，下则富家。贫富之道，莫之夺予，而巧者有余，拙者不足……

故曰："仓廪实而知礼节，衣食足而知荣辱。"礼生于有而废于无。故君子富，好行其德；小人富，以适其力。渊深而鱼生之，山深而兽往之，人富而仁义附焉。富者得势益彰，失势则客无所之，以而不乐。

——引自《史记·货殖列传》

"大江东去，浪淘尽，千古风流人物。"在源远流长的中华历史文化长河中，司马迁的《史记·货殖列传》是一篇为商贾所作的传文。司马迁笔下具有标志性的中国商人无一不是成功者，又无一不是"一人富带动大家富"的情操高尚的巨富大贾。《史记·货殖列传》中有这样一个故事："蜀卓氏之先，赵人也，用铁致富。"这个故事说的是：蜀地有个大户祖籍关中，秦国破赵国后，大户人家祖先被秦军没收家产，放逐到偏远的蜀地。那儿有铁矿山，原住民没有经商的头脑，卓氏却一眼看出商机，他"运筹策，倾滇蜀之民"，带领当地百姓冶炼铁矿，富僮千人，穷乡很快致富，"田池射猎之乐，拟于人君"。

司马迁在两千多年前对商人做出的"富者，人之情性，所不学而俱欲者也""夫纤啬筋力，治生之正道也，而富者必用奇胜"的分析，实在是淋漓尽致、入木三分，至今读来仍不觉得过时。然而，中国几千年的封建社会，经济落后，农耕为主，文人们推崇的是“万物皆下品，唯有读书高”“书中自有黄金屋，书中自有颜如玉”。中国商人的声音始终是微弱的，地位始终是低卑的，社会的习俗始终没能改变太史公司马迁的“门第观念”和“商品经济”的价值论，士、农、工、商，商人的位置始终如故。几千年来，中国人在漫漫长夜中摸索……

尽管如此，我们古代的有识之士，早已认识到并且明确指出，发展生产、改善生活，使人们富足起来，无比重要。这不仅是人们向往的一件好事，也是社会发展不可避开的必由之路。

1840年，震惊中外的鸦片战争爆发，帝国主义列强的坚船利炮，轰开了中国紧闭的大门，清王朝摇摇欲坠，帝国主义国家强迫清政府签订了一系列丧权辱国的不平等条约。“闭关锁国”的沉痛教训，使当局和国人都猛然醒悟，“落后就要挨打”，许多有识之士奔走呼号，他们在血与火的年代里，认识到“实业救国”“教育救国”“革故鼎新”实在是要紧，发展民族工业不失为一条振兴之路，于是中国的民族工业，才逐步突破作坊模式，生机勃勃地发展起来……

苏州得风之先，是因为这座城市自汉代开始，就有着雄厚的物质、人文基础。汉时苏州已是江东都会；唐代苏州“人稠过杨府，坊闹半长安”；宋代时人们将开封城里流传的“苏杭百事繁度，地上天宫”俗语转换成“上有天堂，下有苏杭”；元代意大利著名旅行家马可·波罗在游记中写道，“苏州是一座颇为名贵的大城，商业和手工业十分繁荣和兴盛”，“尤其是苏州城漂亮得惊人，方圆32平方公里，居民生产的大量生丝制成绸缎，不仅供给自己消费，使人人穿上绸缎，而且还行销其他市场。他们之中，有些人已经成为富商大贾”。1894年，中日甲午战争爆发，翌年春，屡战屡败的清廷又签下了屈辱的《马关条约》，朝野上下，痛感“实业救国”的紧迫，于是把发展工业的梦想，寄托在人杰地灵、物产丰富、气候温和的人间天堂——苏州。1895年，两江总督张之洞奏派前国子监祭酒陆润庠负责商务局，于苏州护城河南岸青旸地到觅渡桥6平方公里的荒野枯草间，办起了“工业园区”。这是近现代中国苏州最早的民族工业园区，既有内资企业，如苏纶、苏经、鸿生火柴厂、太和面粉厂等，也有外资企业，如亚细亚火油、美孚火油、峰谷陶瓷、瑞丰丝厂、西田胶皮厂、桥本纽扣商行等。苏州近现代工业的星星之火，在这里点燃。

苏州丰富的文化历史底蕴，早年工业的先声，也影响和带动了苏州周边地区的经济发展。1912年，上海私立女子蚕业学校迁往苏州浒墅关。正是这所学校的存在和发展，使浒墅关这个苏州西北偏僻的小镇，从20世纪20年代始，成了我国蚕桑丝事业的一个重要基地，促进、带动了古镇农村经济的持续发展和繁荣。民国年间，浒墅关的蚕桑丝教育事业、蚕种制造业、缫丝工业，为近现代中国谱写了辉煌的篇章，也培养了一批杰出的优秀人才。郑辟疆、费达生、邵申培、周元勋……这些有识之士，为振兴中国蚕丝事业，进行了可歌可泣探索，将永垂史册。

《蚕丝之恋——浒墅关的那些桑女丝情》描写的是民国年间到中华人民共和国成立初期，浒墅关蚕桑丝业的发展，重在纪实的一部作品。故事的内容和叙述，不能背离历史的框架；对人物描写，必须真实，有根有据；尽量收集照片，力求图文并茂。

往事并非如烟。20世纪50年代初，我曾在浒墅关三元蚕种场生活过一段时间，对蚕种场、浒墅关小学、浒墅关蚕桑专科学校、江南丝厂，有相当清晰的印象。浒墅关的蓝天白云，阳山、观山的秀美神韵，古运河的波光帆影，蚕种场的宜人环境……尽管岁月悠悠，但记忆还是那么清晰！

我的父母辈和他们的亲友对中国的蚕桑、缫丝事业的发展和振兴，做出了卓越的贡献，大家有目共睹。大姑父邵申培创建的大有蚕种场，“虎牌”蚕种享誉中外。我周氏一门7人，投身浒墅关的蚕桑丝事业，均系科班出身。大伯伯周元勋从国立中央大学毕业后，先后创建了浒墅关三元蚕种场、浒墅关江南丝厂，他的两位夫人程佩瑛、姚品屿，学养颇深，均有建树。程佩瑛长期担任三元蚕种场技术主任，姚品屿担任江南丝厂协理。二伯伯周元功从日本留学归国后，先任浒墅关三元蚕种场技术主任，后任中蚕公司副总经理。二伯母张慧多1925年毕业于浒墅关女子蚕业学校蚕丝科，早年任大有蚕种场技术主任。二伯伯于1953年不幸病逝后，二伯母担任三元蚕种场经理兼技术员。抗战全面爆发后，我父亲周元勋被迫中断日本高等兽医专科学校的学业回国，任浒墅关三元蚕种场事务主任，直到1951年去香港。我的母亲张绮容1931年毕业于无锡永泰丝厂蚕丝练习班，长期担任蚕桑技术指导员。苏州解放后，她担任三元蚕种场协理兼技术员，在养蚕育种的平凡岗位上，辛勤工作了二十多个春秋寒暑。

《蚕丝之恋——浒墅关的那些桑女丝情》的编著工作已经进行几年了，这是一部极为难作且很有意义的作品。亲戚朋友多次给我出谋划策，寻找有关材料，一再鼓励我，当然我有责任，努力写好这部纪实的作品。我苦苦思索，爬行在资料的文堆里，脑海中翻滚着浒墅关的那些事、那些人。我去过上海、杭州、南京、无锡、宜兴等地，寻访相关的人与事，尽可能感受先辈的生活气息。好在我小时候在蚕种场生活过，还能回忆当时的生活氛围。但是毕竟时过境迁，物是人非，留存的"厂史""厂志"，有的仅只言片语，很多人的姓名都写错了，有些人物连简单的生平事迹都找不到。撰写《蚕丝之恋——浒墅关的那些桑女丝情》，弘扬先辈的创业精神，真实地还原历史，是晚辈应尽的责任，我责无旁贷。虽然难度很大，但我坚信，"志不立，天下无可成之事"。我有信心写好这本书，让读者通过阅读这本书，更好地了解浒墅关的蚕桑丝教育事业和实业的发展，从中得到启发。

历史是人民书写的。翻开中国的历史，有多少中华民族的优秀儿女、仁人志士，为民族的崛起，为国家的发展，不惜抛头颅，洒热血……民国年间曾经为浒墅关蚕桑、蚕丝事业奋斗终生的志士仁人，周元勋、邵申培于1952年春、夏相继去世，郑辟疆、费达生在岁月的长河中也历经磨难……

在撰写《蚕丝之恋——浒墅关的那些桑女丝情》之初，我曾用过《蚕殇》的书名，因为从结局来看，浒墅关的蚕桑丝事业在方兴未艾之际，过早地凋零了。但这不是我的初衷，我所要的是歌颂，记取在浒墅关蚕桑丝事业崛起、发展过程中做出贡献、造福广大群众的人和事。这与“春蚕到死丝方尽”“留得衣被在人间”的精神完全一致。

在撰写《蚕丝之恋——浒墅关的那些桑女丝情》的过程中，我遇到了不少困难，资料不全，大姑父邵申培、大伯伯周元勋，我脑海中几乎毫无印象，他们过世时，我仅8岁。在写作中，我几次拿起笔，又几次放下笔，写写停停，当我遇到困难想要放弃时，是母亲的精神和父辈、亲戚的感人事迹鼓舞着我，让我一定要把这本书写好。我含着热泪，用一个个文字，一夜夜心血，写下了《蚕丝之恋——浒墅关的那些桑女丝情》。我捧着这沉甸甸的文字，感到无比欣慰，我欣慰于自己的生命之火和人生价值，也欣慰于可以告慰我父母的在天之灵。当然，这也是他们生前的希冀。

一部作品，难以十分完美，但只要真实、不虚假，就会给人以启迪、教益，于今人开拓创业也不乏启示意义。由于历史的尘封，年代的久远，物是人非，书中的不妥之处在所难免，亦可能挂一漏万，请读者多多谅解。

值得一提的是，我撰写这本书时，我的哥哥周大壬、嫂嫂杨文梅、姐姐周大祥、弟弟周大新给予了热情的支持和无微不至的关心，他们提供了许多珍贵的资料和照片。大姑父邵申培的两个儿子，即我的表兄邵墅祥、邵曰祥兄弟俩也非常关心，使我感激万分。特别是邵墅祥哥哥多次认真、细心地阅读原稿，斟酌文句，可谓殚精竭虑。他提出了不少宝贵的意见，并送来了邵申培、周元勋等先辈亲属的有关资料和照片，为本书顺利出版，提供了最大、最真诚的帮助。精诚所至，金石为开。在本书付梓之际，我谨向他们致以衷心的感谢，相信这也是他们的美好愿望。

第二节　蚕魂兮，归来吧

在中华民族的历史长河中，很早就闪现出了丝绸的光芒。丝绸对中华文化发展的贡献，绝不逊色于人们熟知的中国古代四大发明。它不仅是中国古代最为重要的发明创造之一，同时又与华夏文化息息相关。

中国是丝绸的发源地，中国丝绸史源远流长，已经走过五千多年的历程。我们的祖先从新石器时代开始，就学会了栽桑养蚕、缫丝织造。几千年来，桑叶田田，男耕女织，是中国古代最动人的农耕风景。在中国早期的物质文明中，丝绸占有重要一席。在中国主要的出口商品中，丝绸也占有极大比重。丝绸是中国之珍，东方之宝。

中国是最先驯化和饲养蚕的国家，在栽桑、养蚕、缫丝、织绸上有着巨大成就。我国的蚕桑丝绸文化，内涵丰富，博大精深，蚕文化融文学、艺术、古籍、服饰、礼仪为一体，林林总总，精彩纷呈……蚕宝宝在中华文化中处于特殊地位，首先可以从它对汉字的影响说起。远在殷商时期，神秘的甲骨文中就刻写了“蚕”“桑”“丝”等字。这些象形字正是来源于植桑养蚕、丝绸制造。今天我们习以为常地以“纟”为偏旁的字，正是由蚕桑丝绸业衍生出来的文字，如“经”“纬”“组”“织”“线”等。此外，我们常用的“机构”“综合”“分析”等词语以及“青出于蓝而胜于蓝”等，均和丝绸业有着直接或间接的关系。

中国丝绸文化，除了在中国汉字上的贡献外，在中国文学中也得到了充分展现。中国是蚕丝的故乡，又是一个源远流长的诗国。中国

第一部诗歌总集《诗经》，唱出了动人的第一乐章。

在《诗经》305篇诗歌中，与蚕桑、丝绸有关的有27篇。如“十亩之间兮，桑者闲闲兮，行与子还兮。十亩之外兮，桑者泄泄兮，行与子逝兮”（《魏风·十亩之间》）。“氓之蚩蚩，抱布贸丝”“桑之未落，其叶沃若。于嗟鸠兮，无食桑葚”（《卫风·氓》）。

汉代蚕业进一步发展，《汉书》载：“朕亲耕，后亲桑。”“朕”自然指皇帝，而“后”就是皇后。由此可见汉朝统治者很重视蚕桑业。汉代反映蚕丝的诗作中不乏名诗。南北朝乐府中有一首民歌，相当精彩，“春蚕不应老，昼夜常怀丝。何惜微躯尽，缠绵自有时”（《作蚕丝》）。

唐代是我国蚕业和诗歌的兴盛时期，据对《全唐诗》的统计，反映与蚕业有关的诗达四百九十多首。

中国的丝绸文化，让历代文人墨客留下了无数的千古佳作。在小说盛行的明清时期，江宁织造官曹寅后代曹雪芹，在其名著《红楼梦》中描写了大量丝织品，使得《红楼梦》一书成为当今中国社会研究丝绸品种的重要著作。

飘逸柔美的丝绸注定成为艺术的宠儿。文人画客以丝绸为底，在其上挥毫泼墨，作画写诗。想象一下，云彩般的丝绸上绘着或浓或淡、或明或暗的山水人物，是多么美不胜收。早在春秋战国时期，就有以丝绸为材料的帛画出现，湖南长沙楚墓出土的帛画《人物龙凤》《人物驭龙》是中国迄今发现的最早的完整的独幅绘画实物。到了唐宋时期，以丝绸做底的书画作品，称为绢本或绫本，依然盛行。明清之际，流行用丝绸来装裱书画，其中最有名的当属宋锦。

与丝绸相关的采桑养蚕、生产制造等题材，也深受古代艺术家的喜爱，经常出现在各种艺术作品之中。北京故宫博物院中保存的战国时期的一只铜壶上的图案，正是表现众多女子在桑林里采摘桑叶时的欢快场景。隋唐五代共计380年，历经“贞观之治”和“开元盛世”，出现了长期稳定的局面，加上京杭大运河的开通，促进了南北经济、文化的交流。丝绸之路在唐代达到空前繁荣。在古代工艺美术品中，丝织品的地位很高，常常成为其他工艺品模仿的典范。从早期的青铜器，到后来的陶瓷、金银器等，都追随丝绸装饰之风，以至有学者考证，“china”的原意并非瓷而是丝。

从文学到艺术，都能看到丝绸对这些文明做出的特殊贡献，而丝绸作为集优良实用性和高度艺术性于一体的优质产品，本身就是高贵和身份的象征。普通百姓以粗布麻衣为服饰面料，这也是以“布衣”指称平民的由来。

早期，丝绸被认为是“通天”的载体。因为先民们在观察蚕的生长时，发现蚕的一生由卵而蚕，作茧自缚，最后破茧而出羽化成蛾的过程，感到万分神奇。他们开始把蚕的变化和天地生死联想到一起，认为蚕的一生正是人的一生的写照。所以，如果想要死后灵魂到达天国，就必须像蚕一样破茧而出。于是人们在死后，就用丝织物把身体包裹起来，形成一个用丝质材料做成的人工“茧子”，以求灵魂“升天”。

而丝绸礼仪制度最极致的表现就是“天子”的服饰——龙袍，以及表明官员品级高低的补服。作为万民景仰的天子，龙纹和带有特定内涵的十二章纹成为皇帝服饰的专用图案。龙纹意味着皇帝乃真龙天子，十二章则是日、月、星辰、山、龙、华虫、宗彝、藻、火、粉米、黼、黻。日、月、星辰代表三光照耀，象征着帝王皇恩浩荡；山，代表帝王性格稳重；龙是一种神兽，象征帝王们善于审时度势；华虫，通常为一只雉鸡，象征王者文采昭著；宗彝，古代祭祀的一种器物，通常是一对，里面分别有虎纹和长尾猴，虎纹象征威武，长尾猴遇雨以尾塞鼻，象征智慧；藻，象征皇帝的品行冰清玉洁；火，象征帝王处理政务光明磊落；粉米，即白米，象征着皇帝给养人民，安邦治国，重视农桑；黼，为斧头形状，象征皇帝做事干练果敢；黻，为两个弓形相背，象征君臣离合及善恶相背。

至于文武百官的补服，一般文官用禽鸟，武官用猛兽，从一品大员到九品芝麻官都有相对应的图案，如仙鹤代表一品文官。可以说，龙袍和补服成为“分贵贱，别等威”的工具，也很好地阐述了丝绸这种特殊材料在“礼仪之邦”所起的重大作用。

今天站在时代高峰，阅读丝绸的历史就是追溯美的历史，也是探寻中华先人智慧的长途旅行。丝绸的历史就像一条长河，从新石器时代开始发源，奔腾到秦汉时期，迎来了第一个高峰；自隋唐起，由于其他支流的注入，开始出现异域的风采；流到宋元时期，时而吟唱悠扬的小曲，时而呼啸汹涌；奔向明清之际，达到了遍地开花的境界。这条从远古而来的涓涓细流，最终汇成了泱泱大河。时过几千年，沧海桑田，物是人非，丝绸再次引起了全球人民的关注。与此同时，“丝绸之路跨国联合申遗活动”正在进行，丝绸已经变成全世界人民的文化财富。丝绸像一条母亲河，以她甘甜的乳汁，哺育了华夏文化；以她磅礴的力量，推动了艺术的发展。纵然岁月流逝，但丝绸之花仍然灿烂绽放。

蚕丝自诞生起，就是一种健康环保的纤维原料，它对人体具有特殊的亲和力。蚕丝性能优越，不但纤细光滑，而且易于染色。在崇尚自然、讲究绿色的21世纪，丝绸更是获得了人们的青睐……

走过五千多年历史的丝绸，从最初的皇家贵族专用奢侈品，转变成今天代表时尚环保的中国元素。如今，人们对于悠久古老的丝绸艺术重生眷恋之情。美丽的丝绸，正似一股强劲的潮流，再次出现在人们的视线中。随着中国提出的“一带一路”倡议稳步推进，中国正在传承丝路精神，致力合作共赢。

蚕魂兮，归来吧！

附 录

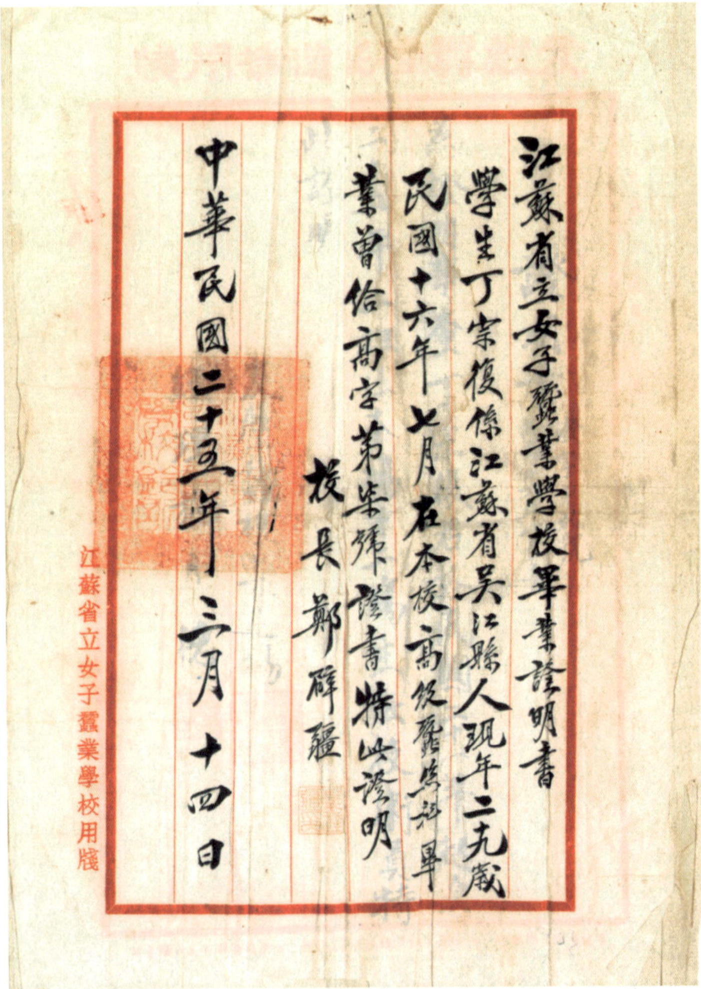

江蘇省立女子蠶業學校畢業證明書

學生丁宗復係江蘇省吳江縣人現年二九歲

民國十六年七月在本校高級蠶桑科畢

業曾給高字第柒號證書特此證明

校長鄭辟疆

中華民國二十五年三月十四日

江蘇省立女子蠶業學校用箋

郑辟疆手迹

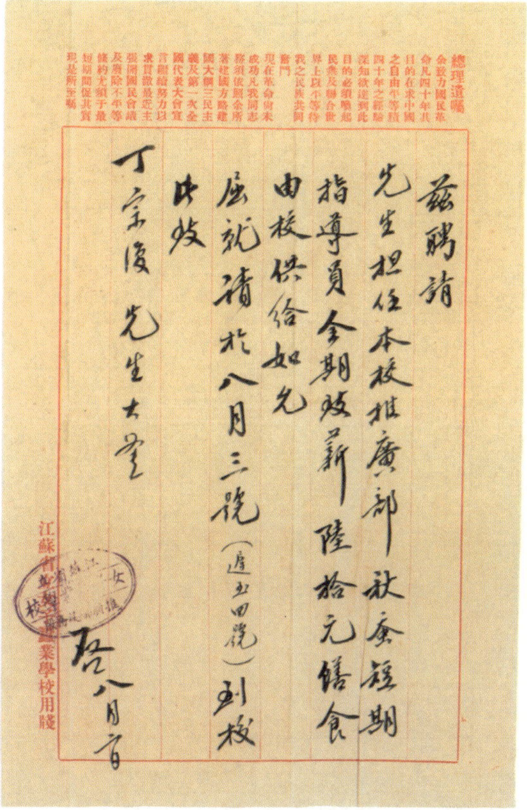

總理遺囑
余致力國民革命凡四十年其目的在求中國之自由平等積四十年之經驗深知欲達到此目的必須喚起民衆及聯合世界上以平等待我之民族共同奮鬥
現在革命尚未成功凡我同志務須依照余所著建國方略建國大綱三民主義及第一次全國代表大會宣言繼續努力以求貫徹最近主張開國民會議及廢除不平等條約尤須於最短期間促其實現是所至囑

茲聘請
先生担任本校推廣部秋蚕短期
指導員每期致薪陸拾元膳食
由校供給如允
屈就請於八月三號（星期四）到校
此致
丁宗俊先生大鑒
八月一日

江蘇省立女子蠶業學校用牋

江苏省立女子蚕业学校聘书

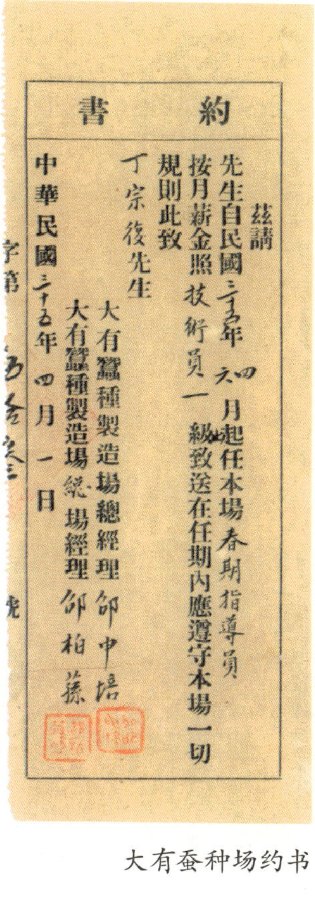

約書

茲請
先生自民國三十三年四月起任本場春期指導員
按月薪金照技術員一級致送在任期內應遵守本場一切
規則此致
丁宗俊先生
大有蠶種製造場總經理 邵申培
大有蠶種製造場經理 邵柏蓀
中華民國三十三年四月一日

大有蚕种场约书

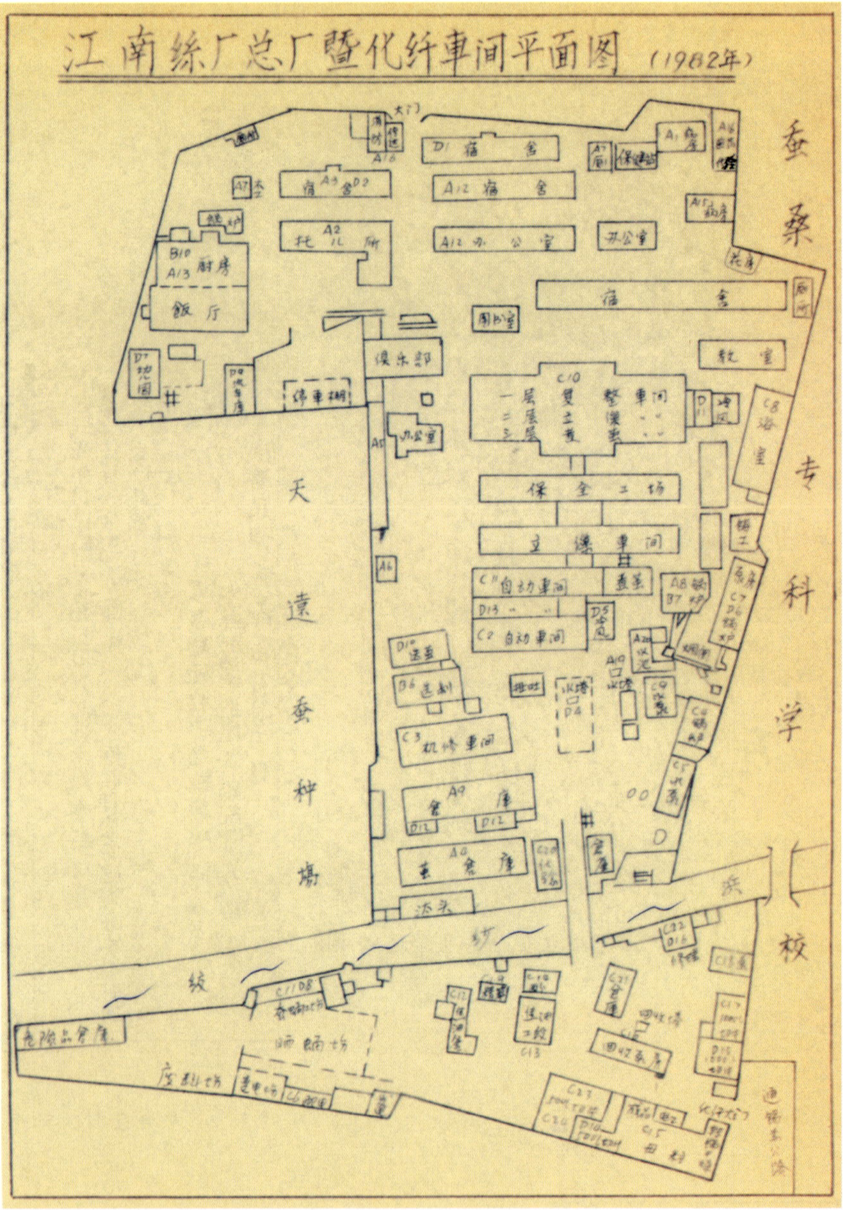

江南丝厂总厂暨化纤车间平面图（1982年）

苏州吴江盛泽先蚕祠

苏州织造署旧址

位于苏州大学校园内的郑辟疆半身像

苏州丝绸博物馆外景

苏州丝绸博物馆内景

江南丝厂生产厂景——选茧

江南丝厂生产厂景——立缫

江南丝厂生产厂景——自动缫丝

江南丝厂生产厂景——复摇

苏州丝绸工业学校301班合影，前排左二为钱小萍（1957年毕业于浒墅关丝绸工业学校，是中国第一座丝绸博物馆——苏州丝绸博物馆的创始人）

中华人民共和国成立后，首届女子蚕业学校制丝科部分师生在浙江实习合影，前排左一为赵苡，左二为李明南，后排左三为席德衡老师

女子蚕业学校丹娘战斗队成立及欢送李天伶同志参军留影(1951.1.17)前排左三为李明南

江南丝厂举办文化学习活动留影

郑辟疆先生在杭州蚕学馆

1957年郑辟疆夫妇与费孝通去无锡太湖疗养院看望其弟费青。左起：费孝通、郑辟疆、费达生、费青

费达生（左）和她的学生赵苡

费达生（中）在指导养蚕

1947年女子蚕业学校校友捐资重建“西陵堂”

丝路风光——长安塔(西安)

丝路风光——葱岭

方寸丝路——埃及

方寸丝路——阿富汗

方寸丝路——伊朗

方寸丝路——印度

方寸丝路——伊拉克

跋

近日，大庆送来《蚕丝之恋——浒墅关的那些桑女丝情》稿本，读之，我不禁想起了宋代诗人范成大的《四时田园杂兴》诗：“小妇连宵上绢机，大耆催税急于飞。今年幸甚蚕桑熟，留得黄丝织夏衣。”这首诗反映了苏州农村妇女养蚕、采桑、织丝的日常劳作场景。蚕者，丝之母也；丝者，人之衣也。衣者，人人穿而爱之，能不恋乎！

蚕桑丝业是我国农业的重要组成部分。苏州地区的蚕桑丝业历史悠久，源远流长。远的不说，近现代以来，苏州蚕桑丝业有了长足的发展。清末民初，位于浒墅关的江苏省女子蚕业学校（后更名为苏州蚕桑专科学校），培养了一大批蚕桑人才，有力地促进了苏州蚕桑丝业的发展，这便是例证。该校名闻遐迩，但其发展之详情却鲜为人知。今读《蚕丝之恋——浒墅关的那些桑女丝情》，一时茅塞顿开。大庆的父辈兄弟三人，均从事蚕桑丝业，为蚕桑丝业做出了极大贡献。他们虽已离开尘世，但他们留下的蚕桑丝资料，后裔保存完好。本书所辑之内容，主要得益于家传之资料，故其文字有来历，数字有依据，图片有出处，并附有学校教职员工名单、蚕种场名单、商标名称、获奖情况等各种表格与说明，条理清晰，反映史实，真是十分难得，非常珍贵。

大庆说，自己虽没有从事过蚕桑丝业，但受家庭的熏陶，对蚕丝有依恋之情结，故将前辈留下的几大箱相关资料，花费数年时间，逐一阅读整理，最后梳理成篇，终于完成初稿，了却了蚕丝恋之愿！

笔者爱好文史，亦略有研究，故深知家庭史料之宝贵，知其为本人亲身所为、亲历之事，甚至亲笔留文，乃地道的“真史”也。然，家庭留存真史者，世上不乏有，如大庆这般花费时力，认真整理，付梓公诸于世，为研究者提供史实资料，有益于社会，那就不多了。为此“点赞”！

东村老人

戊戌初秋

时年八十又二

（本文作者东村老人，即潘君明，笔名江虞、散采田、东门君等，现为中国民间文艺家协会、中国楹联学会会员，苏州市非物质文化遗产专家组成员、苏州市方志文化建设专家库成员。）